指定都市の
税財政制度の改革

安宅敬祐 著

大学教育出版

推薦の言葉

　私が敬愛して止まない安宅敬祐君が、この度「指定都市の税財政制度の改革」と題する大著を上梓されました。

　この著書は、現行の地方税財政制度について最新のデータに基づいて分析・検証するとともに、主要な項目についてはその歴史を遡って考察しており、実務経験者でなければ見過ごしてしまうような点も鋭く取り上げ、他に類を見ない貴重な文献となっています。

　現行の地方自治法上、地方公共団体は、基本的には広域自治体としての都道府県と基礎自治体としての市町村の二層制をとっており、これに対応して地方税制度は道府県税と市町村税に体系化されています。

　しかし、筆者も指摘するように、市町村は、団体によってその規模や能力に大きな差があり、法令に基づく権能についても指定都市、中核市、特例市、その他の市及び町村間に大きな差があるにもかかわらず、地方税制については、事業所税等を除き殆ど差がありません。

　これは、昭和24年のシャウプ勧告に基づいて地方税法が制定された昭和25年当時は、地方自治法上指定都市等の制度はなく、市町村相互間に行政権能の差があまりなかったことによるものと思われます

　講和条約の発効によってわが国が独立を回復した昭和27年、占領中に実施された各種の地方制度の全面的な見直しを検討するために設置された地方制度調査会は、昭和28年10月の第一次答申の中で、大都市制度について12項目の事務に特例を設けるとともに、大都市の存する区域に係る道府県税について償却資産税、煙草消費税及び入場税のうち大都市の区域

に係る部分は大都市に配付することを勧告しました。

　この答申を受けて、昭和31年の地方自治法の改正で、大都市制度は"指定都市"という形で実現しましたが、地方税制度に関する大都市の特例は実現しませんでした。

　筆者も主張しているように、地方自治の望ましい姿は、地方自治体が提供する各種行政サービスに要する経費は、その団体の住民が負担する地方税によって賄われることです。

　しかし、現状は、税源の偏在や特定の行政について全国的な統一を図る必要性等を理由として、地方歳入において地方交付税や国庫補助金及び国庫負担金のシェアが高くなっており、地方税収入の割合は44％弱（平成21年度地方財政計画）に過ぎません。

　特に、指定都市の場合、税源に恵まれている団体が多いので、地方税制度の組み立て方によっては地方交付税に依存することなく健全な財政運営が可能な筈です。

　しかし、平成20年度の場合、指定都市17市のうち地方交付税の不交付団体は5団体に過ぎません。これは明らかに"現行地方税制度に問題あり"といわざるを得ません。

　地方分権改革推進委員会（丹羽宇一郎会長）は、この秋には地方税財政制度の抜本的な改革を答申するものと思われますが、その際には是非とも指定都市等の税制の特例についても言及して欲しいと思います。

　私は、これまで、指定都市や中核市の市長や税財政担当者に対し、その財政需要と税源状況を勘案した地方税制の特例について調査研究し、その成果を踏まえて、政府・国会に対しその実現を要求して欲しいと訴えてきました。

　本書は、安宅君が岡山市長の経験をも踏まえて、幅広い角度から問題の所在を探求し、指定都市の税財政制度について大胆な改革案を提示した労

作であり、今後この問題に関わる人達にとって極めて有益な文献と考えます。

是非一読をお薦めします。

平成 21 年 7 月

財団法人地方自治研究機構会長
元内閣官房副長官

石　原　信　雄

はしがき

　わが国の経済社会の再生に向けて指定都市の果たす役割は大きい。全国の 18 指定都市は、全人口の約 2 割を占め、高い GDP の水準を保ちながら、全国平均を上回る経済成長を実現し、大都市圏の核として、また、各ブロックや道府県の中心として地域経済社会を牽引している。

　指定都市の財政状況を見ると、人口や産業の集積性、高次の都市機能や産業の高度化、都市圏における中枢性などに対応するための指令都市特有の財政需要が急増している。しかしながら、これらの財政需要に対応するための指定都市の事務配分の特例に対応するための財政措置は不十分であり、さらには、独自の税財政制度が確立されていないことから、歳入額に占める市税収入の割合は低く、その不足分を賄うため大量の起債に依存しているのが実態であり、財政状況は全国と比較して大変厳しい状況にある。

　指定都市特有の財政需要に対応した都市税源の充実強化を図るなど、指定都市の特性、役割分担に見合った税財政制度の改革は喫緊の課題になっている。

　本書は、「指定都市」（この用語は、地方自治法上の用語であり、本書では一貫してこの用語を使うが、一般的には、「政令指定都市」とか「政令市」と呼ばれている）に焦点を当てて、その現行の税財政制度を明らかにするとともに、その改革の方向を示すことを目的としている。

　本書を著す動機は、筆者のふるさとである岡山市が平成 21 年 4 月 1 日に指定都市へ移行したことである。筆者は、平成 3 年から 2 期 8 年間岡山市長として在任したが、在任期間中に中核市に移行した。しかし、その頃から近い将来、指定都市に昇格するための準備をしていたところである。

その理由は、中核市になると指定都市に次ぐ権限と財源が与えられるとされていたが、その現実は権限も少なく財源手当も極めてわずかなものであったからである。

それでは、中核市から指定都市へ昇格すると、その権限や財源はどのようになるのであろうか。確かに権限の方は、わずかな例外はあるが、基本的には指定都市は都道府県並みの権限が与えられるといってよい。しかしながら、そのための税財政制度に目を向けると、指定都市特有の財政需要があるにもかかわらず、国・都道府県・市町村間の租税の配分状況には全く変化はない。確かに交付金や地方譲与税の配分基準は指定都市に厚く配分され、指定都市になると宝くじの事業収入を新しく財源とすることはできるが、これらだけでは財源手当は極めて不十分といわざるを得ない状況である。

ところで、筆者は、最近多くの人から、指定都市になるとはどういう意味を持っているのか、どのようなメリットがあるのかと聞かれることがある。税財政制度の前提の議論であるが、それに対しては次のように答えている。

まず、指定都市になるという意味であるが、指定都市は、一言で言えば全国ブランドの都市になるということであり、その存在感・情報発信力は指定都市を包括する道府県よりもはるかに大きい。例えば、岡山市の採用試験を例に出して言うと、これまでは岡山大学を卒業したとか岡山出身の親族がいるとかという理由での受験者がほとんどであったが、これからは岡山市に全く縁故がない若者、例えば、東北や九州出身で岡山駅には降りたこともないという若者が、岡山市が指定都市になったということだけで働きがいがあるということで岡山市の採用試験を受けに来ることになる。

同時に、都道府県並みの権限が与えられるということは、市長はじめ職員一人ひとりが大変な職責を負うことになる。これまでは、国との関係では、国と市の間に県が存在しており、県との協議、県への報告の内容が国

に伝えられるという仕組みであったが、指定都市になると、県には権限がほとんどなくなるので、市長はじめ職員は、県を通さずに直接に国の各省庁の官僚と対話しなければならなくなる。中央省庁の官僚と直接対話するためには、指定都市の職員には普段から相当な勉強が求められる。

　しかしながら、国に対して市民の声が直接届くというメリットが出てくる。例えば、総理大臣他各大臣と都道府県知事及び指定都市の市長が、毎年定期的に意見を交換する会議が開かれているが、その中で、まさに指定都市の市長は市民の意見を踏まえて発言できる。

　次に、指定都市になると都道府県並みの権限をもつという意味を３つ挙げると以下のとおりである。

　第一は、国・県道の管理が指定都市に移管されるという点である。管理というと重要でないような響きもあるかもしれないが、都市づくりの上ではこの権限を活用するメリットは大変大きい。例えば、指定都市になると新交通システムのような公共輸送機関の整備は不可欠であるが、国道・県道・市道の管理権限を有効に活用して整備を進めることができる。また、市域全域にわたって街路樹、自転車専用道、無電柱化などの美観・景観・安全対策を一体的に整備することも容易になる。

　第二は、小中学校の教職員の人事権が、県の教育委員会から、指定都市の教育委員会に移譲されるという点である。市民から遠い存在の県の教育委員会に教職員の人事権があると、教職員の目は、とかく市民の方には向かず、県の教育委員会の方に向きやすくなる。義務教育で大切なのは、現場の学校の校長をはじめとした教職員が児童生徒のために保護者と一体となってその個性に応じた教育をすることである。市民に身近な指定都市の教育委員会に教職員の人事権が与えられ、教職員が原則としてその指定都市内の小中学校間で異動することになるということは、保護者の意見を反映した、児童生徒の個性に応じた教育ができやすくなることを意味する。

　第三は、指定都市になると児童相談所が必置であるという点である。児

童を取り巻く環境はいつの時代も厳しい。最近でも、児童虐待、いじめ、不登校、家庭環境などの問題が多発している。問題の解決のためには、保護者、地域、学校等が一体となって、専門家とともに早期発見・早期対策をしなければならない。手遅れになると、その児童が亡くなっていたというような悲惨な結果が待ち受けている。広い県にしか児童相談所がない場合には、早く的確に対応することは困難であったが、指定都市が自ら児童相談所を設置することになると、専門家に相談しながらすぐに家庭訪問・ケア、その他の支援をすることができる。

「国から地方へ」を合言葉にしたいわば第一期地方分権改革は、平成7年の地方分権推進法の制定に始まり、平成11年のいわゆる地方分権一括法の制定によって従来の中央集権型システムから地方分権型システムへの大転換として結実した。その主な項目を挙げてみると、①国及び地方公共団体が分担すべき役割の明確化、②機関委任事務制度の廃止と地方公共団体の事務の種類の区分の再構成、③国から地方公共団体への権限移譲の推進・特例市制度の創設・都道府県から市町村への権限移譲を進めるための条例による事務処理制度の創設、④地方公共団体の自主組織権を尊重するための必置規制の廃止・緩和、⑤国の地方公共団体に対する関与のあり方全体の抜本的見直し（関与の廃止・縮減、関与の法定主義、関与の基本原則、関与の基本類型、関与の手続ルールの創設、係争処理手続の創設）が挙げられる。

一方、この間、市町村合併については、平成17年3月31日の市町村合併特例法の期限切れに向けて全国的な平成の市町村大合併が推進された。また、この特例法の期限切れ以降は、新たに市町村の合併の特例等に関する法律が制定施行されている（平成22年3月31日までの限時法）。

そのような流れの中で、政府としては、指定都市についてその実質的な指定要件を緩和することとし、特例措置であるにせよ人口70万人以上の都市を指定都市にすることにした。その結果、現在18市の指定都市が誕

生している。

　この第一期地方分権改革において、国と地方公共団体との役割分担に応じた税財源の配分のあり方については次のように議論された。すなわち、政府の「経済財政運営と構造改革に関する基本方針2002」において、「国庫補助負担金、地方交付税、税源移譲を含む税源配分のあり方を三位一体で検討する」こととされた。次いで、政府の「基本方針2003」においては、平成18年度までにおいて、国庫補助負担金について概ね4兆円程度を目途に廃止・縮減等の改革をし、地方交付税については総額を抑制し財源保障機能を縮小し、不交付団体（市町村）の人口の割合を大幅に高めていくなどとし、税源移譲については、国庫補助負担金を廃止してもなお引き続き実施する必要がある義務的な事業については所要の全額を、その他のものは概ね8割程度を目安として、基幹税の充実を基本として移譲する、というものであった。三位一体の改革としては、平成18年度までに、国庫補助負担金については約4兆7,000億円が廃止され、税源移譲としては所得税から住民税へ約3兆円が移譲されることとなった。また、地方交付税は、平成16年度から平成18年度までに約5兆円が抑制された。

　このように、第一期地方分権改革は、従来の中央集権型のシステムから地方分権型システムに舵を切り替えるという意味で、行財政改革いずれの分野においても一応の成果を挙げたが、真の地方分権の実現にはまだ程遠い状況である。まさに地方分権改革は未完であるといってよい。すなわち、国と地方公共団体の行政のあり方をめぐる議論については、地方へのさらなる権限移譲、国による必置規制の抜本的見直し、さらには道州制のあり方を含め、地方分権の推進に向けて大胆な改革が期待されているが、これらの点は本書の主題ではない。

　本書の主題は、「指定都市の税財政制度の改革」であるが、筆者の主張を箇条書きで列挙すると、次の通りである。

　① 確かに、現行制度の中にも、指定都市の財源として、国・県道管理

の費用に充てられる交付金制度や地方譲与税制度があり、宝くじ事業収入もある。また、地方交付税制度の中においても、指定都市の財政需要に応えるための補正係数による割増措置が講じられている。しかしながら、指定都市に対する財源措置としては不十分である。
② 現行制度には、指定都市のような大都市の膨大な財政需要に応えることのできる固有の地方税財政制度はないか、極めて不十分である。地方税体系についていえば、都道府県税と市町村税の税源配分の枠組みを変えるところまでには至っていない。指定都市が課税できる税目は、あくまでも市税の税目の範囲に限られている。
③ 指定都市のための地方税財政制度を考える場合の基本は、やはり、もう一度昭和24年のシャウプ勧告の三原則の中の「行政責任明確化の原則」と「市町村優先の原則」に立ち返る必要がある。
④ 義務教育を例にとると、その事務の全てを市町村の事務とし、したがってその経費も全額市町村の負担とすべきであるとするシャウプ勧告の考え方を前提にした場合、それを可能にする国・都道府県・市町村の税源の再配分は可能かというアプローチが考えられる。
⑤ 国と「地方」の税源の再配分のあり方については、これまで種々の調査会や審議会で議論されてきた。しかし、それらの答申の中では都道府県と市町村は「地方」という言葉の中でひとくくりにして議論されてきた。国から「地方」へ税源移譲を進めるという意味では大変意味があったことは事実である。しかし、「地方」として都道府県及び市町村をひとくくりにした議論をしていると、シャウプ勧告の原則である市町村優先主義に反する結果になるおそれが出てくる。
⑥ そこで本書では、国と「地方」との税源配分という議論とは別に、現行の道府県税と市町村税の体系はこのままでよいのか、いわゆる補充性の原則は道府県と市町村の間にも当てはまるのであるから、市町村優先主義の原則の下に再編成することはできないのか、再編成の結

果、義務教育の経費の全額を市町村が負担することができることを証明できないのか、という視点から再編成のシミュレーションを試みた。

⑦　大胆なシミュレーションであるが、結果的には、市町村税源全体でマクロ的に見た場合には可能という見通しを得ることができた。特に指定都市においては、義務教育教職員の給与費を都道府県に代わって負担することは十分可能である。

⑧　ただ、個々の市町村ごとに考えた場合には、税源の偏在を考えると、市町村税源だけでは不足するところも多いと予想され、その意味で今後とも地方交付税の確保充実を図る必要がある。

　冒頭で述べたように、指定都市は全国で18市に上り、今や指定都市の経済社会がわが国の経済社会の方向を左右するとともに、東京一極集中の是正という国土構造のあり方をも左右する役割が与えられている。しかしながら、指定都市に対する現行の税財政措置は誠に貧弱である。貧弱というよりも、その税財政制度に根本的な欠陥があるといっても過言ではない。それを改めるためには、やはり昭和24年のシャウプ勧告の理念にもう一度立ち返った上で、指定都市のための税財政制度の根本的な改革が必要であるというのが、本書の結論である。

　筆者は、かつて自治省在職時代に、ハーバード・ロー・スクールに留学した経験がある。そのとき、機会があって金子宏東京大学教授とともにシャウプ博士にお会いし夕食を共にさせていただいたことがある。シャウプ勧告は国・地方を通ずる税制全体の長期的なあり方を勧告しているが、その基本方針は、①公平な租税制度の確立、②租税行政の改善、③地方財政の強化、の3点である。論理的に首尾一貫した近代的租税制度の確立を勧告したが、60年経過した現在においても全く色あせてはいない。今なおわが国の税制のあり方を考えるときの道標となっているといえる。同勧告は、とりわけ地方自治の発展がわが国の究極目標であると位置付けづけ、地

方自治の発展の上で強化を必要とするのは都道府県よりも市町村であるとし、財政上の地方自治の確立のために市町村税源の充実に重点を置いた。

　また、筆者は、ハーバード・ロー・スクールにおいて、オールドマン教授を指導教授として、租税法・地方税財政法を学んだ。以来、租税法と地方税財政法の研究は、筆者の生涯のテーマになっている。親日家の同教授は数え切れないくらい来日されたが、岡山市へも4回来られ、そのうち2回は筆者の自宅にお泊まりいただいた。公私を通じて、ご夫妻の謙虚で温かい人柄に触れる機会を多くもてたことは本当に幸せであった。

　そのオールドマン教授が昨年暮れ88歳で逝かれてしまった。惜別の感が一層募ってくる昨今である。本書は誠に未熟でいわば未完であるが、オールドマン教授に捧げたい。

　また、本紙の中に筆者の小学校時代の恩師、蔵本浩司先生の心暖まる作品をカットとして使わせていただいている。先生のご好意に厚くお礼を申し上げたい。

　本書の刊行に当たっては、大学教育出版の佐藤守社長他多くの方々のご援助をいただいた。お世話になった皆様に心からお礼を申し上げたい。

平成21年7月

安宅敬祐

指定都市の税財政制度の改革

目　次

推薦の言葉 ……………………………………………………………… i
はしがき ………………………………………………………………… iv

第1章　なぜ指定都市の税財政制度の改革が必要なのか …………… 1
第1節　本書の目的 ……………………………………………………… 1
第2節　指定都市の実態 ………………………………………………… 4
1　大都市の特性 …………………………………………………… 4
（1）大都市の集積性・高次性・中枢性と日本経済牽引の役割　4
　　1）大都市の集積性：多くの人が暮らし行き交う活発な経済活動　4
　　2）大都市の高次性：高度で多様な産業・社会・文化活動　5
　　3）大都市の中枢性：都市圏の中核を担う指定都市　6
　　4）大都市の役割：日本経済の牽引　6
（2）大都市の都市的課題　6
2　大都市特有の財政需要 ……………………………………………… 9
（1）集積性・高次性・中枢性に起因する財政需要　9
　　1）法人需要や都市インフラ需要を量と質で支える大都市財政　9
　　2）道府県並みの事務を担う大都市財政　9
（2）都市的課題に対応する財政需要　9
3　厳しい大都市の財政状況 …………………………………………… 13
（1）大都市特有の財政需要による高い歳出水準　13
（2）税収の割合が低く多額の起債が必要になる歳入構造　14
（3）大都市特例事務に係る税制上の措置不足　15
（4）配分割合の低い市域内税収　15
（5）大都市における財政状況の悪化　15
第3節　全国の指定都市の中での岡山市の位置づけ ………………… 17

第2章　大都市等に関する特例の趣旨と沿革 ……………… 20
第1節　戦前の大都市制度の沿革 …………………………………… 20
第2節　指定都市制度の沿革 ………………………………………… 22
第3節　中核市及び特例市制度の沿革 ……………………………… 24
第4節　岡山市の中核市から指定都市への移行の経緯 …………… 26

第3章　指定都市の行財政制度の特例の内容 ………………… 29
第1節　指定都市の要件 ……………………………………………… 29
第2節　事務配分の特例 ……………………………………………… 30
　1　地方自治法に基づく事務配分の特例 ……………………………… 30
　2　個別法に基づく事務配分の特例 …………………………………… 43
　3　指定都市が扱えない事務 …………………………………………… 44
　4　都道府県の指定都市に対する関与等の特例 ……………………… 44
　5　行政組織の特例 ……………………………………………………… 47
　　（1）区の設置と組織　47
　　　　1）区役所の設置　47
　　　　2）区の機関　49
　　　　3）区の選挙管理委員会　50
　　（2）人事委員会及び児童相談所の設置　51
　6　財政上の特例 ………………………………………………………… 51
　　（1）経費負担の原則　51
　　（2）財政収入上の特例　52
　　　　1）自動車取得税交付金　52
　　　　2）軽油引取税交付金　53
　　　　3）地方道路譲与税　53
　　　　4）石油ガス譲与税　55
　　　　5）宝くじ事業の収益金　55

　　　　6）交通安全対策特別交付金　56

第4章　国・都道府県・市町村の役割分担原則と事務事業の見直しの必要性 …… 57
第1節　行政上の課題 …… 57
　　1　地方分権改革は現在も未完 …… 57
　　2　第27次地方制度調査会の答申 …… 59
　　3　指定都市を含めた地方の自由度の拡大のための事務・事業の見直し …… 62
　　　（1）幼稚園・保育所の制度の一元化　63
　　　（2）保健所長医師資格要件の廃止　64
　　　（3）教育委員会の必置規制の弾力化　65
　　　（4）農業委員会の必置規制のあり方　68

第5章　国と地方の税財源配分のあり方 …… 70
第1節　地方税財政制度の改革の経緯 …… 70
　　1　第26次地方制度調査会の答申（平成12年10月25日）の内容 …… 71
　　　（1）地方税財源の充実についての基本的な考え方　71
　　　（2）地方税源の充実確保方策の方向　71
　　　（3）国庫補助負担金の整理合理化　73
　　　（4）地方交付税の確保と算定の合理化　73
　　　（5）地方債の良質資金の確保と流通性の向上　74
　　2　第27次地方制度調査会及び地方分権改革推進会議の意見 …… 74
　　　（1）三位一体の改革の基本的な考え方　75
　　　（2）税源移譲を含む税源配分の見直し　76

（3）地方交付税の改革　78
　　　（4）国庫補助負担金の廃止・縮減　79
　　　（5）地方債の改革　80
　第2節　三位一体の改革の成果 …………………………………………… 81
　　1　基本方針2001 ……………………………………………………… 81
　　2　基本方針2002 ……………………………………………………… 82
　　3　基本方針2003 ……………………………………………………… 82
　　4　基本方針2004 ……………………………………………………… 83
　　5　基本方針2005 ……………………………………………………… 84
　　6　三位一体の改革の成果 …………………………………………… 84
　第3節　地方六団体による税財政に関する提言 ……………………… 85
　　1　地方税の充実強化が最重要課題 ………………………………… 85
　　2　税源移譲に対応して国庫補助負担金を廃止 …………………… 86

第6章　岡山市が指定都市に移行したことに伴う税財政上の影響額
………………………………………………… 88
　第1節　岡山市の平成21年度当初予算（指定都市元年当初予算）の
　　　　状況 ……………………………………………………………………… 88
　第2節　指定都市移行に伴う普通交付税への影響 …………………… 90
　　1　普通交付税の算定の仕組み ……………………………………… 90
　　2　岡山市が指定都市へ移行したことに伴う普通交付税への影
　　　　響額の総括 ………………………………………………………… 91
　　3　基準財政需要額の算定の仕組み ………………………………… 92
　　（1）基本的な算式　92
　　（2）指定都市移行に最も関係する普通態容補正　94
　　　1）態容補正の意義　94
　　　2）態容補正の体系　95

（3）普通態容補正の算定の仕組みと算定例　95
　　　　　1）地域手当の給地区分による算定分　95
　　　　　2）種地区分による算定分　96
　　　　　3）行政権能差による算定分　99
　　　　　4）岡山市について「道路橋梁費」に適用される普通態容補正の
　　　　　　 一次式　100
　　　　　5）岡山市について「消防費」を例にした普通交付税額の影響額　101
　　　（4）岡山市について指定都市移行に伴う各算定費目の基準財政需要額への影響
　　　　　 額の総括表　103
　　4　基準財政収入額の算定の仕組み……………………………………110
　　　（1）基準財政収入額の意義　110
　　　（2）基準財政収入額の対象税目等　111
　　5　指定都市にとっての地方交付税の役割と限界……………113
　　　（1）指定都市の基準財政需要額の算定　113
　　　（2）指定都市の基準財政収入額　115
　　　（3）指定都市固有の独自税源の確保の必要性　115

第7章　指定都市の税財政制度改革の方向 ……………………………117
　　第1節　指定都市財政の実態に即応する税財政制度の改革の必要性
　　　　　　　　　　　　　　　　　　　　……………………………117
　　第2節　指定都市税財政制度の個別・具体的改革 ………………118

第8章　役割分担原則における市町村優先主義と道府県・市町村間
　　　　の地方税源の再配分について
　　　　　　―義務教育職員給与費の負担区分を例にして―　……143
　　第1節　役割分担原則の法規範性について ………………………143
　　第2節　役割分担原則から見た義務教育費国庫負担制度の見直し …145

第3節　経費負担区分論と義務教育費の沿革 ……………………………148
　　　1　明治5年（1872年）の学制の発布 …………………………149
　　　2　明治12年（1879年）の学制の廃止と教育令の公布 ……150
　　　3　明治13年（1880年）の教育令の改正 ………………………150
　　　4　明治19年（1886年）の教育令の廃止と学校令の公布 ……150
　　　5　明治33年（1900年）の「市町村立小学校教育費国庫補助法」の制定 ……………………………………………………151
　　　6　大正7年（1918年）の「市町村義務教育費国庫負担法」の制定 ……………………………………………………………151
　　　7　昭和15年（1940年）の「義務教育費国庫負担法」の制定 ……………………………………………………………152
　　　8　昭和23年（1948年）の「地方財政法」の制定 ……………153
　　　9　昭和24年（1949年）の「シャウプ勧告」に基づく「地方財政法」の改正 ……………………………………………154
　　　10　昭和25年（1950年）の「地方財政平衡交付金制度」の創設 ……………………………………………………………154
　　　11　昭和27年（1952年）の「地方財政法」の改正（昭和28年から適用） ……………………………………155
　　第4節　地方分権一括法による義務教育に関する事務の改正について ……………………………………………………………155
　　　1　地方分権一括法施行後も教育行政の分権化は不徹底 ………155
　　　2　義務教育についての市町村優先主義と市町村税源の充実の必要性 …………………………………………………157

第9章　地方分権の基本理念に沿った道府県税と市町村税の再編・合理化 ……………………………………………………159
　　第1節　問題の所在 ……………………………………………………160

第2節　最近の大きな変化と地方行財政を通じたルール（仮説）の
　　　　設定 ··· 161
　　1　2つの大きな変化 ·· 161
　　2　地方行財政を通じたルール（仮説）の設定 ····················· 162
第3節　道府県税と市町村税の税目ごとの再編の検討に当たって
　　　　の前提ないし条件 ·· 163
　　1　地方税の徴収率の引き上げの必要性 ······························· 163
　　2　地方歳出全体の見直しの必要性 ····································· 164
　　3　地方税源とりわけ市町村税源の拡充の必要性 ··················· 165
第4節　道府県税・市町村税の税目ごとの再編の検討 ················· 166
　　1　市町村税源充実の必要性とその規模 ······························· 166
　　2　税目ごとの再編の検討 ··· 167
　　　（1）住民税の一本化と制度の改正　167
　　　（2）法人事業税・地方消費税の問題点　169
　　　（3）不動産取得税の廃止・固定資産税への吸収　170
　　　（4）自動車税・軽自動車税の統合・市町村税化と自動車取得税の廃止　171
　　　（5）市町村たばこ税を道府県たばこ税に統合・一本化　172
　　　（6）その他の税源・道府県交付金の取扱い　172
　　3　税源再編後の姿及びシミュレーション　174
第5節　まとめ ··· 177

おわりに ··· 181

引用・参考文献 ·· 185

指定都市の税財政制度の改革

第1章 なぜ指定都市の税財政制度の改革が必要なのか

第1節　本書の目的

　わが国の国のあり方ないし国と地方の関係を見たとき現行の制度がいかに時代に対応していないかという問題に直面する。この問題は国の根本的な問題に行き当たるのであるが、地方分権の推進という点に焦点を当てた場合にも当てはまるのである。

　本書は、その中で指定都市の現行制度を俯瞰した後、指定都市が抱えている行財政上の課題とその方向を取り上げることを目的としている。

　結論的にいうと、指定都市が果たしている政治・経済・社会等における極めて重要な役割にもかかわらず、指定都市制度の行財政上の位置づけ・権限・税財源が旧態依然であり、時代の進展や指定都市に期待されている役割に対応しきれていないことを指摘したい。確かに時代の進展に応じて指定都市はじめ大都市制度は整備されてきたという理解の仕方もある。しかしながら、一方で、これまでの地方分権推進委員会の数次にわたる勧告や時々の地方制度調査会の答申等を見ると、確かに地方分権の推進という点では大きな役割を果たしてきたことも事実であるが、次のような問題点があったと考える。すなわち、

　① 相対立する当事者は「国」と「地方」という対比の置き方で議論さ

れている。即ち、「国」の権限や税財源を「地方」に移譲することに力点が置かれており、「地方」の中で「都道府県」と「市町村」のうちいずれに重点を置くかという点がぼやけている議論がかなり多い。その結果、国の権限や税財源の地方移譲といっても、地方の中で都道府県への移譲が議論される傾向が強かった。これは、国自身が国の直接の相手方は都道府県であるという意識がいつも前面に出ていたことからくるものであろう。

② 国の税制も同様であるが、地方税制についても、昭和24年のシャウプ勧告に基づく昭和25年のシャウプ税制は相当変容してきており、同税制後数年経過するとなし崩し的に改正がなされ、例えば、同税制では廃止とされた道府県民税及び不動産取得税がその後道府県税として復活している。また、シャウプ勧告には明示されていなかったが、現在道府県税とされている自動車税についても、この税自体が市町村税としての固定資産税の延長の性格をもっていることを考えると、現行のように道府県税の位置づけのままでよいのかもう一度考えてみる必要があるのではないかと考えられる。

上記のような問題点の底には、これまでの議論の中で欠落していたものとして、シャウプ勧告の中の事務配分のあり方に関するシャウプ三原則の中で最も重要な「行政責任明確化の原則」が徹底されていない点を挙げなければならない。即ち、各行政主体が担当すべき事務を、国と地方公共団体の間、さらには地方公共団体の中で都道府県と市町村の間でいかに配分すべきかという考え方として、同原則は、「国、都道府県、市町村の事務は明確に区別し、一つの種類の事務は、国、都道府県又は市町村のいずれかに専属的に割り当てられるべきである」というものである。また、シャウプ三原則の中の第三原則も重要である。即ち、この原則は、「市町村が適切に遂行できる事務は、国又は都道府県には割り当てず、市町村に優先的に割り当てるべきである」というものである。つまり、市町村の次に優

先されるのは都道府県であり、国は地方公共団体では有効に処理できない事務のみを引き受けるべきであるとされ、事務配分に当たっては市町村優先の原則が貫徹されねばならないと明確に述べている。

　しかるに、シャウプ勧告は中央省庁の強い抵抗にあって実現されないまま現在に至っている。その典型が「義務教育」と「生活保護」に関する事務の配分であろう。この二種類の事務は、シャウプ勧告においては、明確に市町村の事務とされている。

　現行法では、義務教育や生活保護に関する事務は市町村の専属的な事務とはされていない。そのことが法文上明らかになっているのが、地方財政法10条である。これら両事務とも同条によって、「地方公共団体が法令に基づいて実施しなければならない事務であって、国と地方公共団体相互の利害に関係がある事務のうち、その円滑な運営を期するためには、なお、国が進んで経費を負担する必要がある経費」として、国と都道府県と市町村がこれらの事務を共同責任で遂行しており、したがって、それらに必要な経費についても、国と都道府県と市町村が共同して負担している。このような実態は、シャウプ三原則の「行政責任明確化の原則」に違反しているといわなければならない。

　この点は、指定都市についても、それらの事務処理権限の範囲が多少広くはなっているが、基本的に当てはまる。

　この基本的な問題点は、国と地方、都道府県と市町村の税源配分についてのこれまでの政府の様々の委員会や審議会の議論にも表れている。即ち、国から地方への税源移譲は、地方分権推進委員会の数次にわたる勧告でかなり進んできているが、未だ十分とはいえない。のみならず、市町村優先の原則に沿って都道府県と市町村の税源配分が見直されるべきではないか、その場合どのような税源配分が望ましいかという議論は、どの委員会や審議会等でも議論されたことはない。

　地方分権改革をさらに推進するための地方税財源の拡充強化に当たって

は、今一度、国と都道府県と市町村の役割分担を抜本的に見直さなければならない。その見直しをした上で、住民に最も身近な基礎的地方公共団体である市町村の税財源の充実を図る必要があるが、その中でも指定都市の役割と権限の大きさに見合った税財源配分は焦眉の急である。

第2節　指定都市の実態

指定都市市長会及び指定都市議長会は、平成21年度の「大都市財政の実態に即応する財源の拡充についての要望」をまとめて国に対して要望したが、その中で、次のように指摘している。

1　大都市の特性

指定都市は、人口の集積や産業・経済活動の集積に伴い、高次の都市機能や高度で多様化した産業構造を有するとともに、人・物・情報が行き交う拠点として、都市圏における中枢性も高い。また、わが国経済の牽引役としての役割も果たしている。その一方で、人口や産業の集積・集中により、経済・生活インフラの問題をはじめ、市民生活の安全・安心、生活保護やホームレス、少子化など都市的課題が顕在化している。

（1）大都市の集積性・高次性・中枢性と日本経済牽引の役割
1）大都市の集積性：多くの人が暮らし行き交う活発な経済活動

国土面積の2.8％に過ぎない指定都市には、昼夜を問わず全国の約2割もの人口が集中している。指定都市の通勤圏人口は全国の約3割にも上り、人の集散を伴う商業活動も全国の約3割を占めている。このように、指定都市は大都市として人の定住や交流に関連して高い集積性を有している（図1-1）。

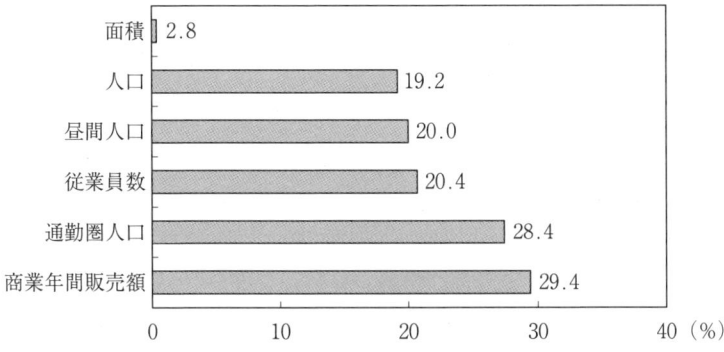

図 1-1 人の定住や交流に関連した集積（指定都市の全国シェア）
◎国土面積のわずか 2.8％に全国の約 2 割の人口、約 3 割の商業活動が集中
＊各種統計より作成　＊通勤圏人口は 5％通勤圏人口
＊集積性とは、人・物・情報や経済活動・都市活動などの指定都市への集中度

2）大都市の高次性：高度で多様な産業・社会・文化活動

　指定都市では、高度医療や高度教育の集積、国際コンベンションの開催などが顕著であり高次の都市機能が集積している。また、産業面でも、第三次産業のウエイトが高いなど、産業の高度化・多様化が進んでいる（図1-2）。

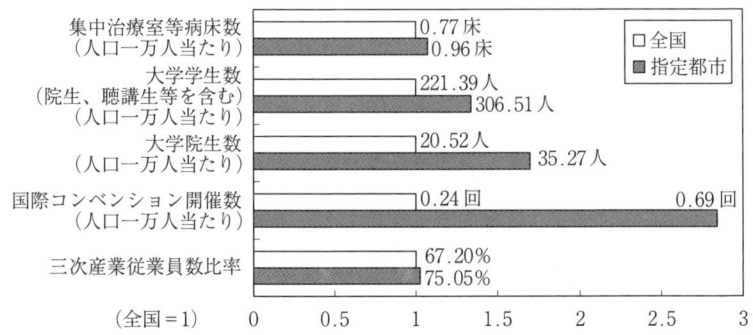

図 1-2　高次都市機能の集積と産業の高度化・多様化（全国平均との比較）
＊高次性とは、高次都市機能の集積と産業の高度化・多様化の進展度

3）大都市の中枢性：都市圏の中核を担う指定都市

都市圏における指定都市シェアとして、人口は2、3割でも従業者や商業活動では4割、7割を占めているところもあり、指定都市はそれぞれの都市圏の中で高い中枢性を有している（図1-3）。

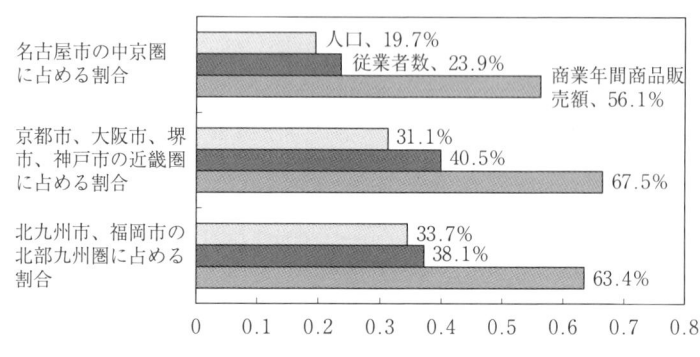

図1-3 都市圏における中枢性
◎都市圏における高い経済的シェア
◎中枢性とは、都市圏における指定都市の社会・経済活動の中心性、拠点性
＊各種統計調査により作成
＊人口は2006年度、従業員数は2005年度、商業年間販売額は2004年度

4）大都市の役割：日本経済の牽引

指定都市の人口や産業の集積性、都市機能や産業構造の高次性、それぞれの都市圏における中枢性などを背景として、指定都市の一人当たり地域内GDPは相対的に高く、不況期においても一貫して全国よりも高い生産性を保持し続け、わが国経済を牽引する役割を担っている（図1-4、図1-5）。

（2）大都市の都市的課題

指定都市では人口や産業が集積、高度化し、都市圏における中枢性を有するため、逆に過密や集中に起因する様々な都市的課題が顕在化してい

第1章 なぜ指定都市の税財政制度の改革が必要なのか　7

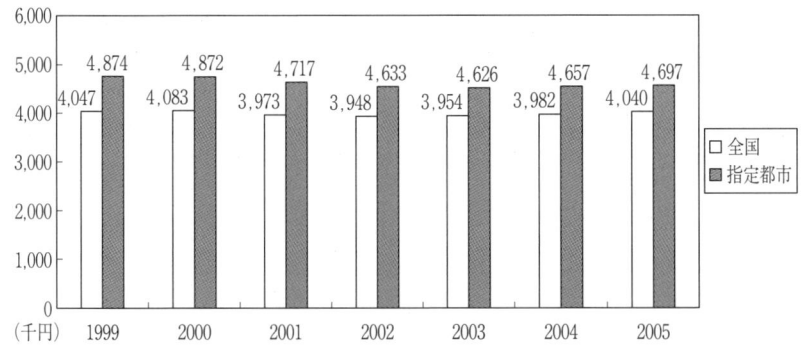

図1-4　一人当たり地域内GDP
◎一貫して全国よりも高い水準の一人当たりGDPで日本経済に貢献
＊平成17年度県民経済計算

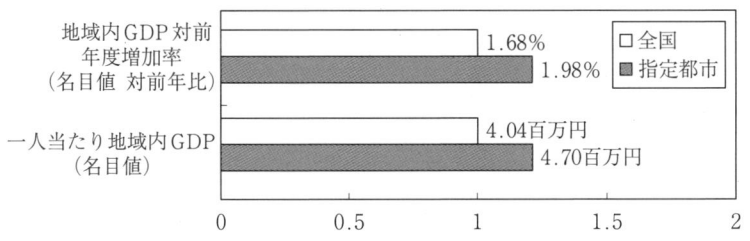

図1-5　高い経済成長の下でわが国経済を牽引
＊平成17年度県民経済計算

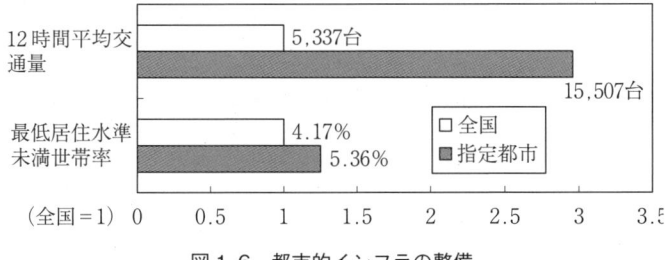

図1-6　都市的インフラの整備
◎都市的インフラの整備の課題が、全国平均よりも高い水準で顕在化
＊各種統計より作成

る。例えば、交通混雑や低い居住水準などの経済・生活インフラの問題、ごみや排気ガスなどの環境問題、救命救急活動や犯罪などの市民生活の安全・安心に係る問題、生活保護やホームレスなどの貧困問題、さらには保育所の不足の問題など、全国に比べて指定都市では都市的課題が早くから明らかにされてきた（図1-6、図1-7、図1-8）。

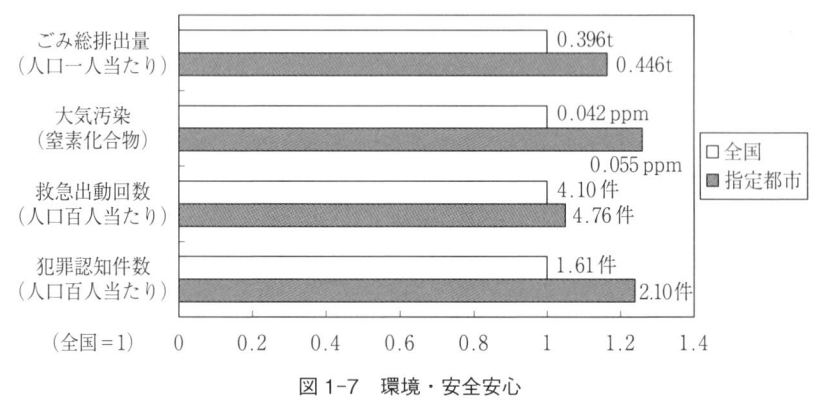

図1-7　環境・安全安心
◎環境・安全安心の課題が、全国平均よりも高い水準で顕在化
＊各種統計より作成

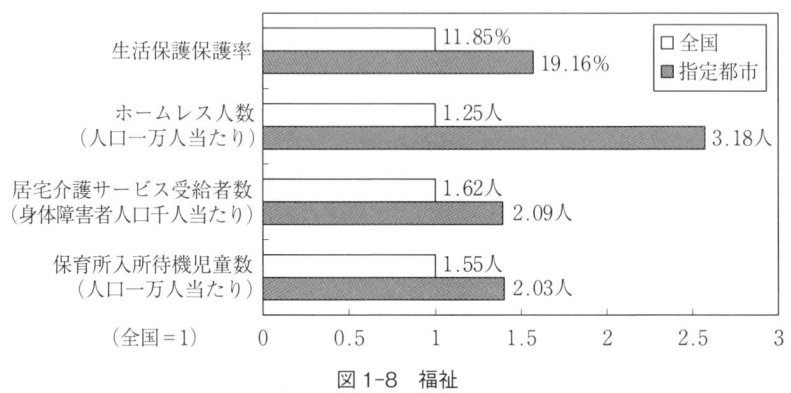

図1-8　福祉
◎福祉の課題が、全国平均よりも高い水準で顕在化
＊各種統計より作成

2 大都市特有の財政需要

　指定都市における人口や産業の集積性、高次な都市機能や産業の高度化、それぞれの都市圏における中枢性などにより、大都市特有の財政需要が生じている。また、安全・安心、貧困や少子化などの都市的課題や大都市特例事務に対応するため、大都市特有の財政需要が生じている。

（1）集積性・高次性・中枢性に起因する財政需要
1）法人需要や都市インフラ需要を量と質で支える大都市財政
　指定都市における人口や産業の集積性、高次な都市機能や産業の高度化、都市圏における中枢性は、活発な経済活動を伴う法人需要や、過密な空間利用・交通混雑などの都市的インフラ需要を発生させ、その対応のために、企業活動支援、道路、交通機関、公園、港湾、下水道などについての高水準の整備が必要となっている。その結果、指定都市の商工費や土木費、公営企業等に対する繰出金は一般市よりも大幅に高い水準となっている（図1-9、図1-10）。また、指定都市では地価・物価が相対的に高いことから、これらのインフラの整備費・維持費についても相対的に高コストとなる（図1-11、図1-12）。

2）道府県並みの事務を担う大都市財政
　集積性・高次性・中枢性を担う指定都市は、大都市特例を含む道府県並みの事務を多く担っている。その結果、保健衛生関係費、教育関係費が、一般市のレベルよりも突出して高くなっている（図1-13）。

（2）都市的課題に対応する財政需要
　市民生活の安全・安心に係る問題、生活保護、ホームレスなどの都市的課題に対応するため、指定都市はより多くの支出を行っている。社会福祉費、児童福祉費、生活保護費などの福祉関係の支出も一般市のレベルより

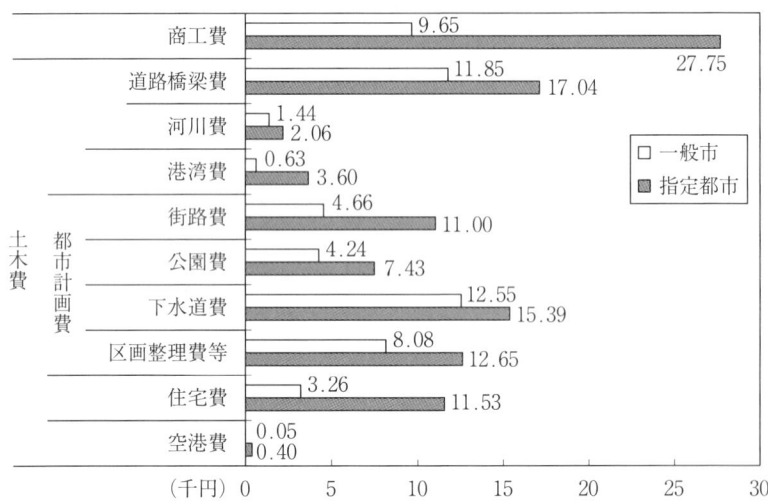

図1-9 法人需要への対応と都市インフラの整備・維持（一人当たり歳出額）
◎商工費・土木費の歳出は、一般市よりも大幅に高い
＊平成18年度市町村別決算状況調査

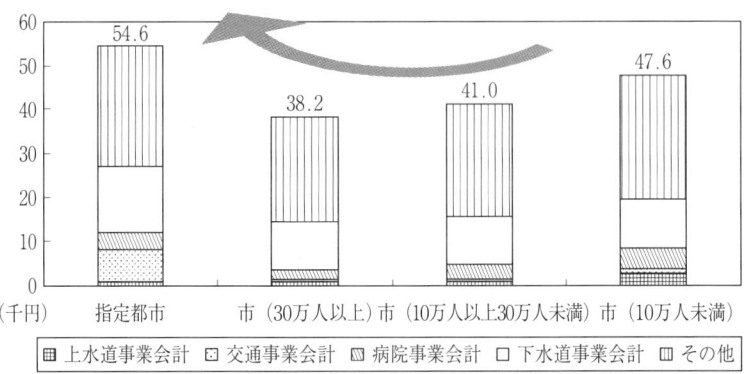

図1-10 公営企業等に対する繰出金（人口一人当たり）
◎都市の中枢性に対応する都市交通の基盤整備や維持管理のための高い財政負担
＊平成18年度市町村別決算状況調査

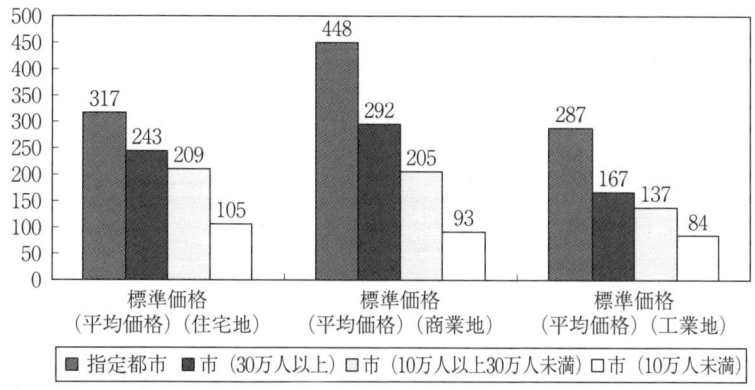

第1章 なぜ指定都市の税財政制度の改革が必要なのか　*11*

図1-11　地価
◎都市的集積により圧倒的に高い地価
＊平成18年度都道府県地価調査

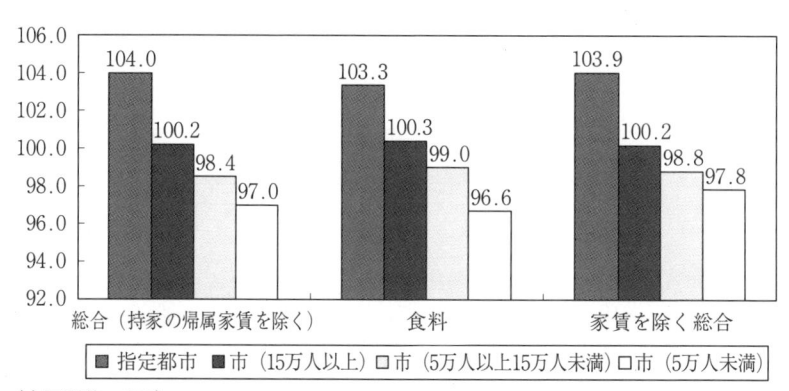

（全国平均＝100）

区分	指定都市	市（30万人以上）	市（10万人以上30万人未満）	市（10万人未満）
標準価格（平均価格）（住宅地）	317	243	209	105
標準価格（平均価格）（商業地）	448	292	205	93
標準価格（平均価格）（工業地）	287	167	137	84

図1-12　物価
◎都市的集積により圧倒的に高い物価
＊平成19年度平均消費者物価地域差指数

（全国平均＝100）

区分	指定都市	市（15万人以上）	市（5万人以上15万人未満）	市（5万人未満）
総合（持家の帰属家賃を除く）	104.0	100.2	98.4	97.0
食料	103.3	100.3	99.0	96.6
家賃を除く総合	103.9	100.2	98.8	97.8

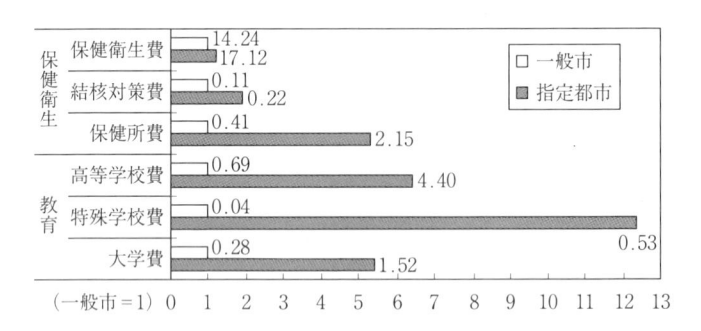

図1-13 保健衛生・教育への支出（一人当たり歳出額　千円）
◎多くの権限移譲による高い歳出水準
＊平成18年度市町村別決算状況調査

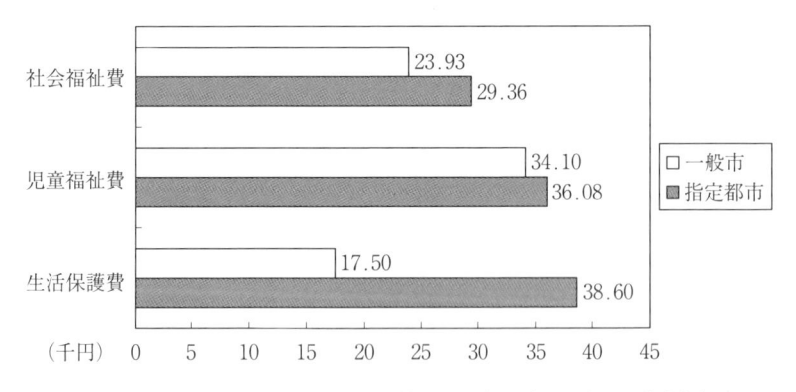

図1-14 福祉サービス・公的扶助に対応する支出（一人当たり歳出額）
◎安全・安心、福祉など多様な都市的課題に対応した高い歳出水準
＊平成18年度市町村別決算状況調

高く、中でも生活保護費については2倍以上の支出となっている。このように、都市的課題に対応する分についても、大都市特有の財政需要として支出増につながっている（図1-14）。

3 厳しい大都市の財政状況

　大都市としての集積性・高次性・中枢性や都市的課題の存在を背景として、様々な形で大都市特有の財政需要が生じており歳出増の要因になっている。しかし、これに対応した税財政制度が確立していないために、必要な歳入が確保されず、また、インフラ整備のためなどに多額の起債をせざるを得ないので、債務残高が膨れ、大都市は全国と比較して厳しい財政状況にある。

（1）大都市特有の財政需要による高い歳出水準

　歳出に関しては、一般的には都市規模が大きくなるに従いスケールメリットにより効率的な財政運用が可能となるといわれている。しかしながら、指定都市では、法人需要への対応、都市インフラの整備・維持や都市的課題などへの対応により土木費や民生費などの大都市特有の財政需要が顕在化し、一人当たり歳出額は高くなっている（図1-15）。

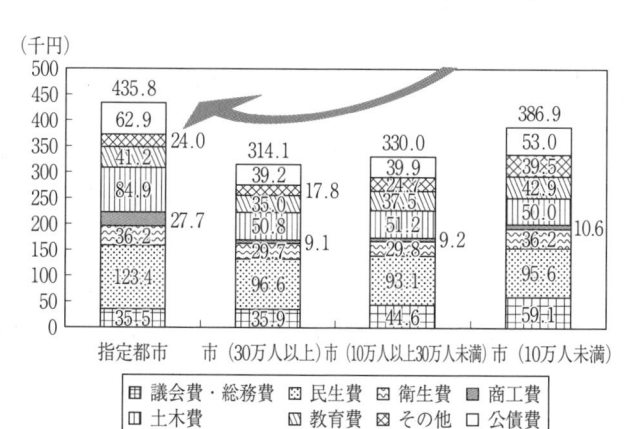

図1-15　都市規模に対応した歳出構造（一人当たり歳出額）
　　◎スケールメリットを上回る都市的財政需要
　　＊平成18年度市町村別決算状況調査

（2）税収の割合が低く多額の起債が必要になる歳入構造

　指定都市では歳入全体に占める市税収入の割合は低く、大都市特有の財政需要に対応する税財政制度が確立していないなど、自主的な財政運営に適した歳入構造とはなっていない（図1-16）。また、大都市特有の財政需要に対応するため、歳入全体に占める起債比率は高くなっている（図1-17）。

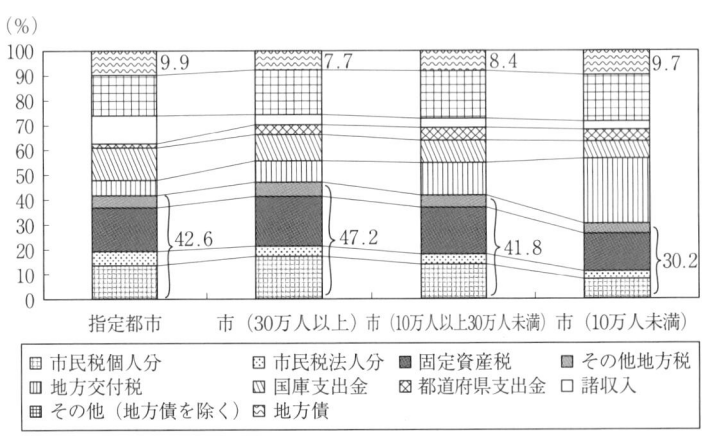

図1-16　都市規模に対応した歳入構造（歳入額の構成比）
　　　　◎起債依存度の高い財政運営
　　　　◎自主的な財政運営に適さない歳入構造
　　　　◎歳入全体に占める市税収入の割合は低い

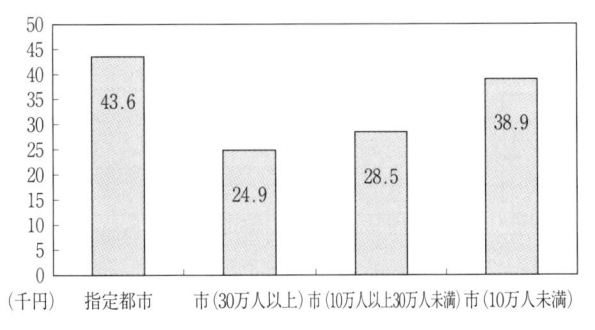

図1-17　人口一人当たり起債額
＊平成18年度市町村別決算状況調査

（3）大都市特例事務に係る税制上の措置不足

大都市特例事務の財政負担については、歳出に見合うだけの歳入が税財政制度上では確保されておらず、一般財源からの持ち出しとなっている（図1-18）。

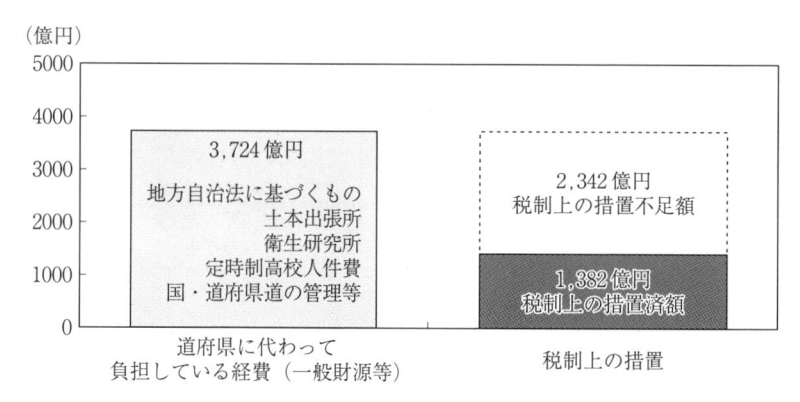

図1-18　大都市特例事務
＊平成20年度予算に基づく概算

（4）配分割合の低い市域内税収

指定都市の市域内税収（市域内の住民や企業が負担する税金）のうち、市税として指定都市に配分される割合はわずか19.7％に過ぎない。全国レベルにおいても市町村税の配分割合は20.1％にとどまっているが、指定都市はさらに少ない（図1-19）。

（5）大都市における財政状況の悪化

一般市では都市規模が大きくなるに従い経常収支比率は改善されるが、指定都市では大都市特有の財政需要に対応する税財政制度が確立していないため、経常収支比率は悪化する（図1-20）。また、指定都市では多額のインフラの整備費が必要となり、地方債償還額が大きくなるため、実質公

債費比率は大幅に増加し、地方債現在高も突出して高い水準となっている（図1-21、図1-22）。

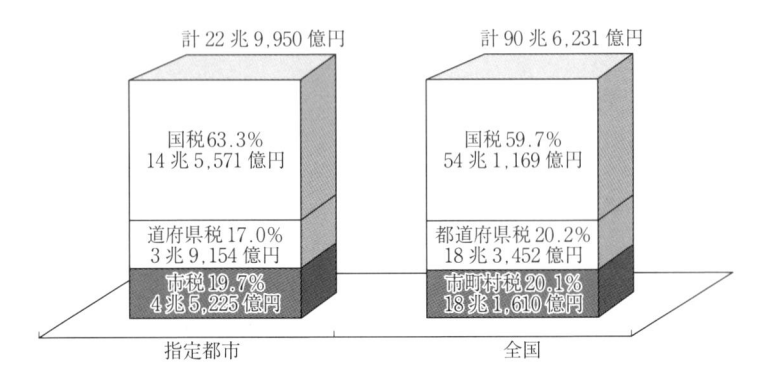

計 22 兆 9,950 億円　　計 90 兆 6,231 億円

指定都市
- 国税 63.3%　14 兆 5,571 億円
- 道府県税 17.0%　3 兆 9,154 億円
- 市税 19.7%　4 兆 5,225 億円

全国
- 国税 59.7%　54 兆 1,169 億円
- 都道府県税 20.2%　18 兆 3,452 億円
- 市町村税 20.1%　18 兆 1,610 億円

図1-19　指定都市域内税収の配分状況

＊平成18年度決算
＊国税・道府県税については、税務署統計資料等から各種指標を用い按分するなどして試算した推計値

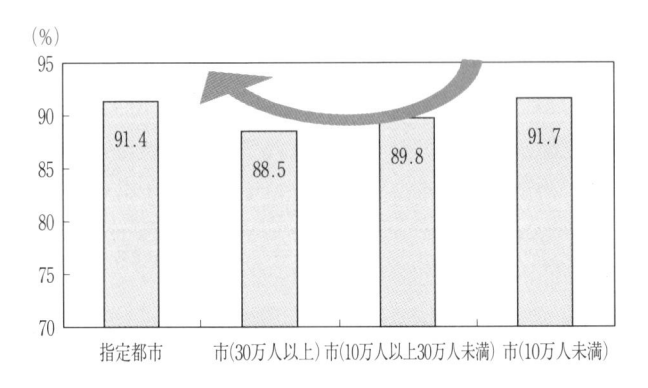

(%)

指定都市	市(30万人以上)	市(10万人以上30万人未満)	市(10万人未満)
91.4	88.5	89.8	91.7

図1-20　経常収支比率
＊平成18年度市町村別決算状況調査

(％)

図1-21　実質公債費比率
＊平成18年度市町村別決算状況調査

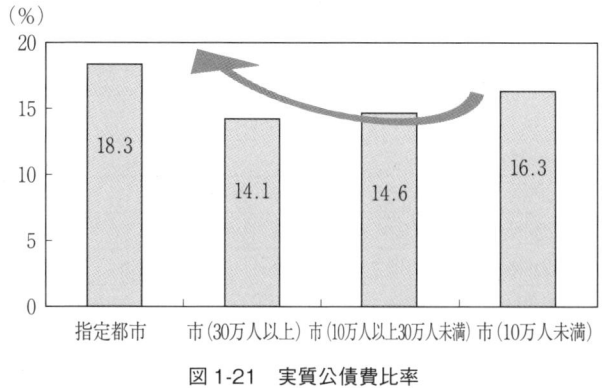

指定都市 18.3
市(30万人以上) 14.1
市(10万人以上30万人未満) 14.6
市(10万人未満) 16.3

(千円)

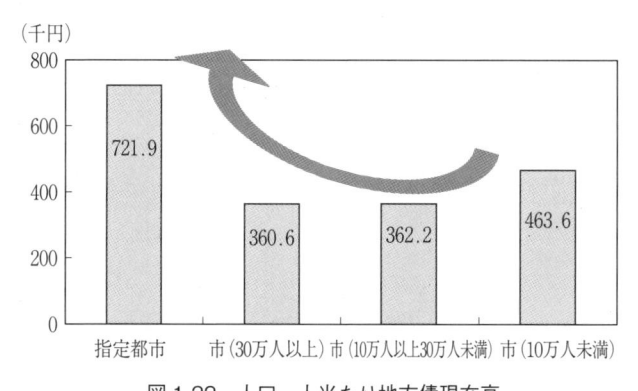

図1-22　人口一人当たり地方債現在高
◎厳しい財政状況
＊平成18年度市町村別決算状況調査

指定都市 721.9
市(30万人以上) 360.6
市(10万人以上30万人未満) 362.2
市(10万人未満) 463.6

第3節　全国の指定都市の中での岡山市の位置づけ

　岡山市の位置づけを見るため、全国の指定都市の概況について、西村宰「政令市・岡山の現状と課題」(岡山経済2009年4月号、17頁)を引用する。

表1-1　全国の指定都市の概況

都市名	人口 (平成17年) (人)	面積 (平成20年) (km²)	人口密度 (人)	農業産出額 (平成18年) (億円)	製造品出荷額等 (平成18年) (億円)	年間商品販売額 (平成19年) (億円)
大阪市	2,628,811	222.30	11,826	8.1	40,130	473,005
名古屋市	2,215,062	326.43	6,786	25.6	38,780	302,573
京都市	1,474,811	827.90	1,781	124.9	22,508	55,690
横浜市	3,579,628	437.38	8,184	101.4	48,891	97,882
神戸市	1,525,393	552.23	2,762	108.0	26,608	58,618
北九州市	993,525	487.88	2,036	50.4	19,345	30,691
札幌市	1,880,863	1,121.12	1,678	38.4	5,098	87,999
川崎市	1,327,011	142.70	9,299	26.0	44,757	36,407
福岡市	1,401,279	341.11	4,108	79.2	5,911	139,125
広島市	1,154,391	905.13	1,275	58.8	22,242	76,967
仙台市	1,025,098	783.54	1,308	86.5	9,966	81,912
千葉市	924,319	272.08	3,397	109.0	10,907	37,211
さいたま市	1,176,314	217.49	5,409	78.4	8,938	47,341
静岡市	713,723	1,388.79	1,275	221.4	16,443	33,383
堺市	830,966	149.99	5,540	36.4	27,342	17,833
新潟市	813,847	726.10	1,121	655.3	9,498	35,720
浜松市	804,032	1,511.17	532	540.5	28,500	29,044
岡山市	701,605	789.91	888	207.0	8,213	28,394
18市中の岡山市の順位	18	6	17	4	16	17

　現在全国で18の指定都市が誕生しているが、各指定都市は、それぞれの地理的要因・歴史・経済・社会環境の特色を生かして発展してきており、それぞれが大都市圏内の大都市又は地方の中核都市としてその圏域の経済・社会をリードしているだけでなく、全国ブランドの大都市として、わが国全体の経済・社会をリードする存在になっている。

　現在の全18指定都市中で最も最近指定された岡山市について、諸指標の中の位置づけを見ると、表1-1のとおり、市域面積・農業産出額について

は18市中それぞれ第6位・第4位であるが、人口規模・製造品出荷額等・年間商品販売額についてはそれぞれ第18位・第16位・第17位となっている。岡山市は指定都市として誕生したばかりであり、18指定都市の中での位置づけは相当に低いといわざるを得ないが、中四国の交通の結節点に位置し、バランスの取れた産業構造を持っているというポテンシャルを生かして、産学官が連携して経済社会のあらゆる面でその存在感を高めていく必要がある。

　岡山市が指定都市に指定されたのは、人口要件が特例的に下げられた結果であるが、国は、その他の大都市要件については特例を認めたわけではない。国は岡山市に対してはその潜在力を認めつつも、先行している指定都市並みの大都市としての顔づくりを早急に実現することを求めており、その結果、全国の18指定都市が一体となって東京一極集中の是正の役割を果たすようになることを強く期待しているのである。

　次章では大都市制度、とりわけ指定都市制度の歴史を振り返ることとする。大都市制度は、時代の進展に対応しながら発展してきたことも事実であるからである。また、指定都市についての現行法上の位置づけがどのようになっているのか、指定都市制度を含め大都市制度のあり方についてこれまでどのような議論がなされてきたかについてもできるだけ丁寧に触れることにする。その上で、なお現行の指定都市制度には行財政上の根本的な問題が内在していること及び今後の改革の方向、とりわけ税財政制度のあり方について筆者の考えを述べることにしたい。

第2章 大都市等に関する特例の趣旨と沿革

第1節　戦前の大都市制度の沿革

　大都市は、人口が集中するとともに社会的実態としての都市の機能等も大きく、行政需要の量や質、またそれに対応する市としての規模能力等も一般の市と相当差異がある。

　大都市には一般の市とは異なる特別の制度を設ける必要があるとの議論は、明治初期からなされていた。

　明治11年（1878年）7月22日に「郡区町村編制法」（明治11年太政官布告第17号）が制定された。同法4条により「人民輻輳ノ地」に法人格をもたない区が置かれ、区議会（議会）も設置された。また、東京、大阪、京都の三都は勅令指定都市に指定された。通常、1都市1区であったが、東京には麹町区以下15区、大阪には東区・西区・南区・北区の4区、京都には上京区・下京区の2区と、人口密集地が広い勅令指定都市三都には1都市に複数の区が置かれた。

　明治22年（1889年）4月1日に「市制」（明治21年法律第1号）が施行された。この市制中に「東京市京都市大阪市ニ特例ヲ設クルノ件」（明治22年法律第12号、三市特例）も制定され、人口が多い東京市、大阪市、京都市の三市では区が存置された。市を代表するのは市会であるが、

一般市では市会が3人の市長候補を推薦し、内務大臣が天皇に上奏して1人の市長が裁可（市会推薦市長。任期6年）されたのに対し、三市では、市長を置かずにその職務は府知事が行った。

　明治31年（1898年）10月1日に「市制中東京市京都市大阪市ニ於ケル特例廃止法律」（明治31年法律第19号）が施行された。三市での反対運動により、三市特例が廃止されて一般市と同じ市制を適用し、市会推薦市長が生まれた。市制中追加法律により、三市では区制が残された。

　明治41年（1908年）4月1日に名古屋市に区制が施行された（4区）。「三市」（三都）以外では初の大都市制度が導入された。
明治44年（1911年）に市制改正法律が施行された。これにより三市の区は法人格をもつこととなった。

　大正期に入り、東京、大阪、京都、名古屋、横浜、神戸の六大都市に人口・産業が急激に集積し、一般の市とはかけ離れた位置を占めるに至ったことを受けて、六大都市の特別市運動が展開された。その結果、大正11年（1922年）に「六大都市行政監督ニ関スル法律」（大正11年法律第1号）が制定され、「三市」に神戸市、名古屋市、横浜市を加えて六大都市とされ、六大都市の事務処理に関して知事の監督権の緩和が図られた（六大都市では府県知事の許可等なしで市の実務の実行ができるようになった。）が、それ以外は見るべき特別な制度は設けられなかった。また、昭和10年代の戦時体制下で特別市運動も衰退していった。

　昭和2年（1927年）10月1日に横浜市に区制が施行された（5区）。

　昭和6年（1931年）9月1日に神戸市に区制が施行された（8区）。

　その中で、戦時体制下の帝都東京の一元的な行政を実現するため、昭和18年（1943年）7月1日に「東京都制」（昭和18年法律第89号）が施行され、従来の東京府と東京市を合体して東京都が置かれた。これは東京に関する大都市制度の一環でもある特別な制度といえるものであり、地方自治法においても都の制度として継承しているところである。なお、「六

大都市」から東京市を除いた五市に「五大都市行政監督特例」を施行し、五大都市（京都市、大阪市、横浜市、神戸市、名古屋市）とした。

第2節　指定都市制度の沿革

　戦後、昭和22年（1947年）の「地方自治法」（昭和22年法律第67号）制定時には、大都市行政の特殊性に対応する制度として、都道府県と同様の権能を併せ有する「特別市」の制度が設けられた。これは、府県との間の二重行政、二重監督（今日では二重の関与等）を排除して、大都市行政の統一的、合理的運営を図ろうとするものであった。
　具体的には、「特別市」の区域を、府県の区域から外して独立させ、市の権能・事務に加えて原則として都道府県の権能・事務を併せもつ特別地方公共団体として位置づけるものである。
　「特別市」の指定は、人口50万人以上の市について法律（この法律は憲法95条に規定する「地方自治特別法」で住民投票が必要）で指定することとされており、東京を除いた五大都市が想定されていた。
　しかし、関係府県からは、残存区域が府県として極めて弱体となり行政運営が困難になること、大都市行政の孤立化を招くこと等から、大きな反発が生じ、「特別市」の指定は容易に実施に至らないまま、五大都市と関係府県の対立が年々激化していき、何らかの形における解決が強く要請されるに至った。
　このため、第1次地方制度調査会は、昭和28年10月の「地方制度の改革に関する答申」の中で、大都市制度に関しては、差し当たっては大都市に対して事務及び財源の配分を行い、併せて、知事の大都市に対する許認可権を整理し、都道府県の「補完行政に属する事務」と「委任事務で広域的又は統一的処理を必要とする事務」以外の事務は大都市の事務とする

こととして、大都市行政の合理的能率的処理、市民福祉の向上に資することが、大都市制度の一応の解決策であるとし、また、これに伴う税源の移譲や地方交付税上の配慮を行うこと等を提案した。

この答申に基づき、昭和31年（1956年）の地方自治法の改正により、「特別市」制度は廃止され、新たに「第12章 大都市に関する特例」が設けられ、現行の「指定都市」制度が発足した。「指定都市」は都道府県の区域に包括されており、都道府県と市町村との二層制の例外とはなっていない。

旧五大都市：

昭和31年において、地方自治法上の指定都市の資格をもつ市としては、旧五大都市及び福岡市（54.4万人）の計6市が存在した。しかし、制度創設の経緯から、旧五大都市のみが指定都市に移行した（なお、このとき特別区の中で最大の人口を擁していたのは大田区で、56.8万人であった）。

昭和31年9月1日、旧五大都市である大阪市（254.7万人）、名古屋市（133.7万人）、京都市（120.4万人）、横浜市（114.4万人）、神戸市（97.9万人）が指定都市へ移行した。

その後、北九州市（昭和38年1月）、札幌市、川崎市、福岡市（いずれも昭和46年8月）、広島市（昭和54年9月）、仙台市（昭和63年9月）、千葉市（平成3年10月）が指定され、平成14年10月にさいたま市が、平成16年10月に静岡市が、平成17年10月に堺市が、平成18年10月に新潟市及び浜松市が指定され、さらに、平成20年10月に岡山市が指定され、指定都市は、平成21年4月現在、全国で18市となっている。

第3節　中核市及び特例市制度の沿革

　指定都市制度は、こうした沿革によるものであるが、都道府県と市町村の事務配分については、個別の法令において、一定の規模等を有する市等が都道府県の事務とされているものを処理することとする制度が見られるが、地方自治法ではその後においても指定都市制度を除き、原則として市町村一律主義をとってきた。

　しかし、社会経済の進展に伴って、指定都市以外の市においても格差が拡大し、市は、その規模、能力、態様等がますます千差万別となるとともに地域的な発展の状況も様々であることを踏まえて、市の規模能力等に応じた事務配分を進めていくことが、基礎的な行政に責任をもつ市の機能を一層充実させていく上でより望ましいとの考えが強くなっていった。

　第2次行政改革推進審議会は「国と地方の関係等に関する答申」（平成元年12月）において、地域行政主体の整備・多様化、広域行政への対応として、地域中核都市等の制度化を提言し、全国市長会においても、人口30万人以上の都市等に対し、指定都市制度程度の事務配分を行うべきとする提言を行った。これらを受けて、第23次地方制度調査会は「広域連合及び中核市に関する答申」（平成5年4月）において、人口規模その他一定の条件を満たす市に対して、都道府県の事務権限を大幅に委譲すること等の具体的な内容を示した。この答申に基づき、平成6年の地方自治法の改正において「中核市」制度が設けられ、同法第12章が「大都市及び中核市に関する特例」とされるとともに、「第1節　大都市に関する特例」、「第2節　中核市に関する特例」とされた。

　「中核市」制度は、社会的実態としての諸機能、規模能力等が比較的大きな都市について、その事務権限を強化し、行政はできるだけ住民の身近で遂行するという地方自治の理念を実現するために創設されたものであ

る。

　さらに、指定都市、中核市以外の市においても市の規模能力等に応じてその事務権能を強化し、基礎的地方公共団体としての市の機能をできるだけ充実強化させていくことが望ましいと考えられた。このことについて、平成7年の地方分権推進法の制定を受け、地方分権の推進の観点から、基礎的地方公共団体である市町村への事務の配分を積極的に推進することが、地方分権推進委員会において審議された。その中で、指定都市制度、中核市制度に加えて、さらにきめ細かく、一定の人口規模を有する市に対して事務・権限をまとめて委譲する制度の創設が勧告された（第2次勧告）。また、同委員会の勧告（第4次勧告）は、「市については、一定の人口段階に応じて権限をまとめて委譲することが役割分担を明確化する観点から望ましいのみならず、そのために必要となる財源の再配分にも資すると思われる。このため、一定の人口規模（20万人以上など）を有する市を当該市からの申出に基づき指定することにより、権限をまとめて委譲する法制上の措置を講ずるものとする」とした。また、指定都市、中核市に対してさらに権限委譲を進めるとともに、中核市の要件（昼夜間人口比率）を見直すことについても勧告があった。

　この勧告を踏まえ、平成11年の地方分権一括法による改正で「特例市」制度が設けられ、地方自治法第12章が「大都市等に関する特例」とされるとともに、「第3節　特例市に関する特例」が加えられた。

　また、平成15年11月、第27次地方制度調査会は、「今後の地方自治制度のあり方に関する答申」において、「大都市のあり方」について、次のような答申をした。

　即ち、指定都市について、「現行制度の大枠の中で、その権能を強化するという方向を目指すべきである」、また、「行政区がより住民に身近なものとなり、住民の意向が一層反映されるよう、地域内分権化を図る必要があると考えられる。このため、各指定都市における実情に応じ、（基礎自

治体内の一定の区域を単位とした）地域自治組織の活用が期待される」としている。

　なお、大都市をはじめとした市町村の共通の課題として、基礎自治体が「条例による事務処理の特例」の制度によって、都道府県知事の権限に属する事務の一部を処理することを要請することができる仕組みを導入することが適当であるとしている。

　そして、平成16年5月には、第27次地方制度調査会の答申の制度化等を内容とする地方自治法の一部を改正する法律等が成立した。

　平成16年3月、第28次地方制度調査会が発足し、総理大臣から、「『道州制のあり方』、『大都市制度のあり方』その他最近の社会経済情勢の変化に対応した地方行財政制度の構造改革」について諮問があった。同調査会は、6月、審議事項を「道州制のあり方」「大都市制度のあり方」「地方の自主性・自律性の拡大のあり方」「議会のあり方」「地方税財政制度のあり方」「その他」と決定した。

　このうち「第3　大都市のあり方」においては、①指定都市、中核市、特例市等の都市の規模・能力に応じた事務権限の一層の移譲、②中核市の指定の際の面積要件の廃止を答申した。

第4節　岡山市の中核市から指定都市への移行の経緯

　岡山市は平成6年の第1次指定の中で全国の先頭を切って中核市に指定された。しかしながら、中核市制度の創設当時の指定要件は、人口30万人、面積100km²であるのに対して、岡山市は当時人口60万人、面積500km²であったことからすると、中核市に指定されることは当然という考えであった。しかも、中核市に昇格すると都道府県の事務について指定都市並みの権限が移譲されるということであったが、保健所の設置に伴う権限や

都市計画に関する権限等の大幅な移管は実現したが、道路法に基づく国道や県道の管理等は移管されなかった。都道府県の権限のままとされ中核市への未移管の事務の中には、大都市行政の諸問題を自らの権限で総合的合理的に解決するために必要とする様々な権限が含まれていたのである。また、事務移管された事務事業の遂行に必要な税財源も十分とは到底いえない実態であった。

　しかも、岡山市が、中四国地方の中では広島市に次いで人口規模が大きいこと、全国の中でも地方中核都市としての諸機能の集積が高いことは自他共に認めるところであった。そこで、岡山市や堺市など第一次の中核市指定時に既に指定都市に次ぐ地方中核都市であった都市の中には、中核市の指定に満足することはできず、中核市指定直後から既に近い将来指定都市になるべく国に働きかけるとともに、自らの組織体制についても、これら両市は、将来指定都市になった場合には区役所に移行することを念頭にして、総合支所構想を進めていったところである。

　しかしながら、当時指定都市になるための国の実質的指定要件として人口が80万人に到達していないと認められないという運用がなされていたことがネックとなって容易に指定都市の実現には至らなかった。

　しかしながら、その後いわゆる平成の市町村大合併が全国的に市町村合併特例法の期限切れに向けて、いわば国策として進められた。つまり、政府は、平成13年8月30日に、市町村合併支援プランを決定したが、その中で、平成17年3月までに大規模な合併をした場合に限って、指定都市になることができる人口要件の運用基準を緩和する方針が打ち出された。即ち、東京一極集中の是正策として、また、憲法の保障する地方自治をさらに強化するという考え方から、指定都市の従来の実質的指定要件である人口80万人を人口70万人に下げるという緩和措置が採用された。

　平成17年4月1日から静岡市が初めてこの緩和措置に基づいて指定都市に移行した。これは、特別区最大の人口を擁する世田谷区を下回る人口

で指定都市に移行した初めての例となった。その後、同様の措置で、平成18年4月1日に堺市が、平成19年4月1日に新潟市及び浜松市が指定都市へ移行した。

　岡山県内の市町村の間でも市町村合併特例法の行財政上の特例措置を活用しながら市町村合併が進められた。その中で、岡山市はこの緩和措置を活用して指定都市になるチャンスを生かすために、積極的に周辺町村を合併した。平成17年3月に御津町及び灘崎町と、平成19年1月に建部町及び瀬戸町と合併を行って人口約70万人の都市になり、平成20年10月10日の閣議において平成21年4月1日からの指定都市移行が正式決定された。この閣議決定を受けて指定都市を指定する政令の一部改正政令が公布され、漸く長年の夢が実現したのであった。

第3章 指定都市の行財政制度の特例の内容

第1節　指定都市の要件

　地方自治法上の指定都市の要件としては、「政令で指定する人口50万人以上の市」とされている（地方自治法252の19第1項）（人口要件を決めた当時、特別区最大だった世田谷区の国勢調査人口は40.8万人であった。）。これは、昭和31年改正前に規定されていた特別市の要件を継承したものである。

　指定に当たっては、人口のみで形式的に判断するのではなく、人口その他都市としての規模、行財政能力等において既存の指定都市と同等の実態を有すると見られる都市が指定されている。

　これらの指定都市は、都市としての諸機能、規模能力等において他の都市とは格別の実態を有しており、その行うべき行政の内容は質、量ともに他の都市と異なるものをもっているものということができる。したがって、ただ人口要件を満たしたのみでは、直ちに指定都市に指定されるものではなく、既存の指定都市と同様地方自治法252条の19第1項に掲げるような事務を自ら処理する必要が認められ、またそれらのすべてを能率的に処理するだけの能力をもたなければならないとされている。

第2節　事務配分の特例

1　地方自治法に基づく事務配分の特例

　地方自治法252条の19第1項の規定により、指定都市は、都道府県が処理する事務のうち、社会福祉、保健衛生、都市計画等に関する19項目の事務の全部又は一部を処理することができるとされているが、その具体的な事務の内容は政令に委任されている。

　具体的な事務の内容は、地方自治法施行令（以下「自治令」という。）に規定されており（自治令174条の26から174条の40まで）、19項目の事務については、特に都道府県に留保することが必要であると認められる若干の事務を除き、原則として指定都市の事務とされている。

　19項目の事務とは、以下の事務である。

① 　児童福祉に関する事務

　児童福祉に関する事務については、指定都市に児童相談所が設置されることを中心とし、児童福祉法及び同施行令、少年法並びに児童虐待の防止に関する法律の規定により都道府県が処理する事務の概ね全部である。但し、保育士試験に関する事務等は都道府県に留保されている（自治令174条の26）。主なものは、

（ⅰ）児童福祉に関する審議会その他合議制の機関（児童福祉審議会）を置くこと。但し、地方社会福祉審議会に児童福祉に関する事項を調査審議させる場合はこの限りではない（児童福祉法8条、自治令174条の26第3項・第4項）

（ⅱ）児童相談所を設置し及び児童福祉司を置くこと（同法12条1項、13条1項）

（ⅲ）児童委員を指揮監督すること（同法17条4項）

（ⅳ）療育の給付に関すること（同法20条1項〜4項）
（ⅴ）指定知的障害児施設等の指定、監督に関すること（同法24条の9〜24条の19）
（ⅵ）要保護児童の保護措置等について、都道府県の採るべき措置、家庭裁判所への送致、保護者の児童虐待等の場合の措置、児童福祉施設への在所措置、一時保護等に関すること（同法27条〜31条、33条2項〜4項、63条の2〜63条の3の2）
（ⅶ）国、都道府県及び指定都市以外の者が行う児童自立生活援助事業に対する届出の受理、監督等に関すること（同法34条の3〜34条の5）
（ⅷ）国、都道府県及び市町村以外の者が設置する児童福祉施設に係る認可、監督等に関すること（同法35条4項・7項、46条、58条、同施行令38条）
（ⅸ）児童福祉施設の長が行う親権に係る縁組の承諾に関すること（同法47条）
（ⅹ）無認可施設に対する立入検査、調査・質問、勧告、命令等に関すること（同法59条）
（ⅺ）無認可保育所に係る届出及び報告の受理等に関すること（同法59条の2、59条の2の5）
（ⅻ）少年法に規定する家庭裁判所への送致及び家庭裁判所からの送致を受けること（少年法6条、18条）
（ⅷⅰ）児童虐待の防止等に関する法律に規定する立入調査、勧告等に関すること（児童虐待の防止等に関する法律9条、11条、13条）

② 民生委員に関する事務

民生委員法及び同施行令の規定により都道府県が処理する事務の全部である（自治令174条の27）。

（ⅰ）民生委員の定数及び民生委員協議会の区域の決定に関すること

（民生委員法4条、20条）
　（ⅱ）民生委員の推薦等に関すること（同法5条〜7条、11条）
　（ⅲ）民生委員に対する指導訓練及び指揮監督に関すること（同法17条、18条）
③　身体障害者の福祉に関する事務
　身体障害者福祉法及び同施行令の規定により都道府県が処理する事務の大部分であるが、身体障害者更生相談所を設け、同相談所に身体障害者福祉司を置くことは任意とされている（自治令174条の28）。
　（ⅰ）身体障害者更生相談所を設け、同相談所に身体障害者福祉司を置くことができること（身体障害者福祉法11条、11条の2、自治令174条の28第2項・第3項）
　（ⅱ）身体障害者手帳の交付に関すること（同法15条、16条）
　（ⅲ）盲導犬等の貸与等に関すること（同法20条）
　（ⅳ）身体障害者生活訓練等事業等に対する監督に関すること（同法26条、39条1項、40条）
④　生活保護に関する事務
　生活保護法及び同施行令の規定により都道府県が処理する事務で、市町村長が行う同法の施行に関する事務についての都道府県知事の監査（事務監査。同法23条）等を除き、おおむね全部であるが、生活保護に関する事務は元来その多くを市が処理することとされており、なお都道府県が処理することとされている事務を指定都市が処理することとしているのは保護施設に対する監督事務等及び指定医療機関等についての事務である。なお、都道府県知事は指定都市の区域内の指定医療機関に対して報告の徴収又は立入検査を行う権限が留保されている（自治令174条の29）。
　（ⅰ）生活保護施設の設置の認可その他の監督指導及び費用の補助に関すること（生活保護法41条2項〜5項、42条、43条1項、44

条、45条2項〜5項、46条2項・3項、48条3項、74条、79条）
（ⅱ）指定医療機関等の指定及び監督等に関すること（同法49条〜51条、53条〜55条の2）
⑤　行旅病人及び行旅死亡人の取扱いに関する事務

　行旅病人及び行旅死亡人に関する費用の弁償に関する事務（自治令174条の30。行旅病人死亡人等ノ引取及費用弁償ニ関スル件（明治32年勅令277号）1条）

⑥　社会福祉事業に関する事務

　社会福祉法7章（社会福祉事業）及び8章（福祉サービスの適切な利用）の規定により、都道府県が処理する事務のおおむね全部である（自治令174条の30の2）。なお、社会福祉法により、指定都市は地方社会福祉審議会を置くものとされている（同法7条）。

（ⅰ）第一種社会福祉事業に係る届出の受理、許可等に関すること（社会福祉法62条〜64条、67条、68条、74条）

（ⅱ）第二種社会福祉事業に係る届出の受理に関すること（同法69条、74条）

（ⅲ）社会福祉事業の経営に関する監督等に関すること（同法70条〜72条）

（ⅳ）社会福祉事業に係る寄付金募集（募集地域が当該指定都市の区域内である者に限る）の許可等に関すること（同法73条）

（ⅴ）運営適正化委員会からの通知の受理に関すること（同法86条）

⑦　知的障害者福祉法及び同施行令の規定により都道府県が処理する事務の大部分であるが、知的障害者更正相談所を設け、同相談所に知的障害者福祉司を置くことは任意とされている（自治令174条の30の3）。

（ⅰ）知的障害者更正相談所を設け、同相談所に知的障害者福祉司を置くことができること（知的障害者福祉法12条、13条、自治令174条の30の3第2項・第3項）

（ⅱ）知的障害者又はその保護者の相談に応じ、及び更正のための援
　　　助を行うことを、知的障害者相談員に委託することに関すること
　　　（同法15条の2）
⑧　母子家庭及び寡婦の福祉に関する事務
　母子及び寡婦福祉法及び同施行令の規定により都道府県が処理する事
務の全部である（自治令174条の31）。
　　（ⅰ）母子福祉資金の貸付け及び償還の免除に関すること（同法13条
　　　〜15条、36条、37条、同施行令2条〜23条の2）
　　（ⅱ）母子家庭等日常生活支援事業に対する監督等に関すること（同
　　　法20条〜23条）
　　（ⅲ）寡婦福祉資金の貸付け及び償還の免除に関すること（同法32条、
　　　36条、37条、同施行令24条〜29条）
　　（ⅳ）寡婦日常生活支援事業に対する監督等に関すること（同法33条
　　　3項・4項、34条）
　　（ⅴ）寡婦就業支援事業に関すること（同法35条）
⑨　老人福祉に関する事務
　老人福祉法及び同施行令並びに地域における公的介護施設等の計画的
な整備等の促進に関する法律（「介護施設整備法」という。）の規定によ
り都道府県が処理する事務の大部分である（自治令174条の31の2）。
老人福祉法6条の3第1項及び第2項（市町村相互間の連絡調整等及
び市町村に対する助言）、7条（社会福祉主事の設置）、20条の8第8
項及び第9項（市町村老人福祉計画に関する意見等）、20条の9（都道
府県老人福祉計画の作成等）、20条の10第1項（市町村老人福祉計画
の作成についての助言）、29条（有料老人ホームに係る調査等）等の規
定による都道府県の事務は除かれる。また、老人福祉法24条1項（都
道府県の負担）及び介護施設整備法6条4項（施設生活環境改善計画
に関する市町村の意見聴取）の規定は適用されない。

（ⅰ）老人居宅生活支援事業に関する届出の受理その他老人居宅生活支援事業に対する監督等に関すること（老人福祉法14条～14条の3、18条、18条の2）
（ⅱ）老人福祉施設の設置の届出の受理、認可その他老人福祉施設に対する監督等に関すること（同法15条～16条、18条～19条）
（ⅲ）社会福祉法人に対して老人の福祉のための事業に要する費用の補助をすることができること（同法24条3項）
（ⅳ）施設生活環境改善計画の作成及び同計画に基づく事業等に対する国の交付金を受けることに関すること（介護施設整備法6条、7条）
（ⅴ）市町村整備施設に係る施設設置者の届出の受理に関すること（同法9条）

⑩ 母子保健に関する事務

母子保健法及び同施行令の規定により都道府県が処理する事務の全部である（自治令174条の31の3）

（ⅰ）未熟児の訪問指導に関すること（母子保健法19条）
（ⅱ）未熟児の養育医療の給付等に関すること（同法20条）
（ⅲ）指定養育医療機関の指定及び同機関に対する監督等に関すること（同法20条5項・7項）

なお、（ⅰ）及び（ⅱ）は、保健所設置市の事務とされている。

⑪ 障害者の自立支援に関する事務

障害者自立支援法2章（自立支援給付）1節（通則）及び3節（自立支援医療費、療養介護医療費及び基準該当療養介護医療費の支給）、78条1項（都道府県の地域生活支援事業）並びに4章（事業及び施設）並びに障害者自立支援法施行令の規定により、都道府県が処理することとされている事務（都道府県の市町村に対する協力、指定都市が行う事業や障害者支援施設に対する都道府県の監督等の事務は除く。）である（自治令174条の32）。平成18年10月1日施行後においては、指定障

害福祉サービス事業者に係る事務については、大都市特例の対象外とされるなどの変更が行われている。

⑫　食品衛生に関する事務

　食品衛生法及び同施行令の規定により都道府県が処理する事務のおおむね全部である。営業の許可等の事務は、指定都市の事務となっているが、営業の施設について、条例による飲食店営業等の公衆衛生上の基準の設定に関する事務は都道府県に留保されるとともに、指定都市は都道府県が定めた基準に、さらに指定都市の区域内における必要な制限を付加する基準を定めることができることとされている。この場合、当該指定都市が定めた条例は、同法の適用については、都道府県が定めた条例とみなされる（自治令174条の34）。

（ⅰ）食品衛生に関する知識の普及、情報の収集等、研究の推進、検査能力の向上、人材の養成等を図るために必要な措置を講じること（食品衛生法2条1項）

（ⅱ）都道府県等食品衛生監視指導計画を定める等に関すること（同法24条、64条2項）

（ⅲ）販売の用に供する食品、添加物等の製品検査等に関すること及び製品検査等のための施設を設けること（同法25条、26条、29条1項、62条）

（ⅳ）営業者その他の関係者からの報告徴収、検査等に関すること及び収去した食品等に係る検査施設を設けること（同法28条、29条2項、62条）

（ⅴ）食品衛生監視員の設置等に関すること（同法30条、62条）

（ⅵ）食品管理者の届出の受理に関すること（同法48条8項）

（ⅶ）営業の施設の清潔保持等の措置に関する基準を条例により定めることができること（同法50条2項、62条）

（ⅷ）飲食店営業その他公衆衛生に与える影響が著しい営業の施設に

つき公衆衛生の見地から都道府県が定めた基準に付加する基準を条例により定めることができること（自治令174条の34第2項、食品衛生法51条）
（ix）営業の許可、食品等の廃棄処分、営業の許可の取消及び営業の禁止等に関すること（同法52条〜55条1項、56条、62条）
（x）中毒に係る報告に関すること（同法58条2項〜5項）
（xi）食品等に起因して死亡した者等の死体の解剖に関すること（同法59条、62条）
（xii）食品等事業者に対する助言等及び食品衛生推進員の委嘱に関すること（同法61条1項・2項）
（xiii）違反者の名称等の公表等に関すること（同法63条）
（xiv）食品衛生に関する施策についての実施状況の公表及び意見を求めること（同法65条）

なお、（iii）、（vii）及び（viii）を除き、保健所設置市の事務とされている（同法66条）。

⑬ 墓地、埋葬等の規制に関する事務

墓地、埋葬等に関する法律の規定により都道府県が処理する事務の全部である（自治令174条の35）。

墓地、納骨堂又は火葬場の経営の許可、立入検査、許可の取消等に関すること（同法10条、18条、19条）

なお、一部は保健所設置市の事務とされている。

⑭ 興行場、旅館及び公衆浴場の営業の規制に関する事務

興行場法、旅館業法及び公衆浴場法並びに旅館業法施行令の規定により都道府県が処理する事務のおおむね全部である。営業の許可等の事務は、全部指定都市の事務となっているが、これらの法律の規定により都道府県が定めることとされている条例については都道府県に留保されるとともに、これらのうち、衛生上の基準又は措置の基準については、指

定都市において条例で都道府県の定めた基準にさらに指定都市の区域内における公衆衛生上必要な制限を付加する基準を定めることができることとされている。この場合において、指定都市が定めた条例は、これらの法律の規定の適用については、それぞれ当該規定により都道府県が定めた条例とみなすこととしている（自治令174条の36）。

- （ⅰ）興行場経営の許可等、監督及び許可の取消又は営業の停止処分等に関すること（興行場法2条、2条の2、5条、6条）
- （ⅱ）興行場に関する公衆衛生上必要な制限を付加する基準を条例で定めることができること（自治令174条の36第2項、興行場法2条2項、3条2項）
- （ⅲ）旅館業経営の許可等、監督（営業の施設の構造設備に関する必要な措置の命令を含む。）、許可の取消又は営業の停止等に関すること（旅館業法3条、3条の2、3条の3、7条、7条の2、8条）
- （ⅳ）旅館業の施設に関する公衆衛生上必要な制限を付加する基準を条例で定めることができること（自治令174条の36第2項、旅館業法4条2項）
- （ⅴ）旅館業の施設の政令で定める構造設備の基準以外の基準を条例で定めること（同施行令1条1項11号、2条10号、3条7号、4条5号）
- （ⅵ）公衆浴場経営の許可等、監督及び許可の取消又は営業の停止処分等に関すること（公衆浴場法2条、2条の2第2項、6条、7条）
- （ⅶ）公衆浴場に関する公衆衛生上必要な制限を付加する基準を条例で定めることができること（自治令174条の36第2項、公衆浴場法3条2項）

なお、（ⅰ）、（ⅲ）、（ⅵ）は、保健所設置市の事務とされている。

⑮ 精神保健及び精神障害者に関する事務

精神保健及び精神障害者福祉に関する法律及び同施行令並びに発達障

害者支援法の規定により都道府県が処理する事務の大部分である。精神病院の設置に関する事務（精神保健及び精神障害者福祉に関する法律19条の7）等及び就労のための準備に係る措置（発達障害者支援法10条2項）は除かれている（自治令174条の36の2）。主なものは、
(ⅰ) 精神保健福祉センターの設置に関すること（精神保健及び精神障害者福祉に関する法律6条）
(ⅱ) 精神保健福祉に関する審議会その他の合議制の機関（地方精神保健福祉審議会）及び精神医療審査会を置くこと（同法9条〜15条、自治令174条の36の2第2項、同法38条の3第2項、38条の5第2項）
(ⅲ) 指定病院の指定及び指定の取消しに関すること（同法19条の8、19条の9）
(ⅳ) 診察及び必要な保護等の申請、通報又は届出の受理に関すること（同法23条〜26条の2）
(ⅴ) 指定医に診察等をさせることに関すること（同法27条、28条）
(ⅵ) 精神障害者保健福祉手帳の交付等に関すること（同法45条、45条の2）
(ⅶ) 精神保健及び精神障害者の福祉等に関する相談、指導等に関すること（同法47条）
(ⅷ) 精神障害者社会適応訓練事業を行うことに関すること（同法50）
(ⅸ) 発達障害児の早期の発達支援のために必要な体制の整備等及び発達障害者の就労を支援するために必要な体制の整備等に関すること（発達障害者支援法6条3項、10条1項）
(ⅹ) 発達障害者支援の事務を行い又は発達障害者支援センターを指定して行わせることに関すること（同法14条、16条〜18条）なお、(ⅶ)は、保健所設置市の事務とされている。

⑯　結核の予防に関する事務
　感染症の予防及び感染症の患者に対する医療に関する法律（「感染症予防法」）及び同施行令の規定により、都道府県が処理する結核に係る事務のおおむね全部であるが、定期健康診断の実施の指示等は除かれている（自治令174条の37）。
　　（ⅰ）発生を予防し、又はその蔓延を防止するため緊急の必要があると認めるとき、必要な措置を定め、医師その他の医療関係者に対し、必要な協力を求めること（感染症予防法16条の2）
　　（ⅱ）蔓延を防止するため必要と認めるとき、定期診断を受けさせることに関すること（同法17条、22条の2）
　　（ⅲ）患者又は無症状病原体保有者に係る就業制限に関すること（同法18条、22条の2）
　　（ⅳ）26条において準用する蔓延を防止するため必要と認めるときの入院等に関すること（同法19条～23条、24条の2、25条、26条の2）
　　（ⅴ）発生を予防し、又はその蔓延を防止するため必要と認めるときの汚染された場所の消毒、物件に係る措置等に関すること（同法27条～31条、34条～36条）
　　（ⅵ）入院の勧告又は入院の措置を実施した場合の医療に要する費用の負担に関すること（同法37条）
　　（ⅶ）結核指定医療機関の指定、指導、指定の取消し等に関すること（同法38条2項・7項～9項）
　　（ⅷ）医師及び健康診断実施者からの届出、通報又は報告の受理に関すること（同法12条、53条の7、53条の10）
　なお、（ⅶ）を除き、保健所設置市の事務とされている（同法64条）
⑰　都市計画に関する事務
　都市計画の決定に関する権限については地方自治法及び同施行令に基

づく特例の対象としてではなく、地方分権一括法による都市計画法の改正により、指定都市についての特例が規定され、都道府県が定める都市計画（同法15条1項）のうち、市街化区域及び市街化調整区域に関する都市計画以外は指定都市が定めることとされた。さらに、平成12年の同法の改正により、指定都市、中核市及び特例市を「指定都市等」と総称したこと等から同法3章1節の開発行為等の規制については、地方自治法及び同施行令の規定による特例ではなく、別に都市計画法及び同施行令による特例とされた。また、都市計画として、都道府県が都市計画区域の整備、開発及び保全の方針に関する都市計画（同法6条の2）及び都市再開発方針等（同法7条の2）を定めるものとされた（同法15条1項1号・3号）が、これらについては指定都市の特例の適用はない（同法87条の2第1項）。市街化区域及び市街化調整区域に関する都市計画は、区域区分に関する都市計画とされた（同法7条1項、15条1項1号・2号）。さらに、風致地区内における建築等の規制（同法3章3節、58条）については、同法において、政令で定める基準に従い、都道府県の条例で必要な規制をすることができるとされていたものが、政令で定める基準に従い、地方公共団体の条例で必要な規制を行うことと規定され、当該条例は、政令（「風致地区内における建築等の規制に係る条例の制定に関する基準を定める政令」）において、面積が10ha以上の風致地区に係るものにあっては都道府県（指定都市の区域にあっては指定都市）、その他の風致地区に係るものにあっては市町村が定めるものとすることとされている（同政令2条）。

　なお、国土交通大臣又は都道府県知事は指定都市の区域を含む都市計画区域に係る都市計画を決定し、変更するときは、指定都市の長と協議するものとすることとされている（同法87条）。

　以上のことから、地方自治法及び同施行令に基づいて都市計画法及び同施行令の規定により、都道府県が処理する事務のうち指定都市が処理

するものの主なものは、次のとおりである（自治令174条の38）。
　（ⅰ）都市計画の決定又は変更のための測量又は調査に際して土地の試掘等を行う者に対して許可を行うこと（都市計画法26条、27条2項）
　（ⅱ）市街地開発事業等予定区域の区域内における土地の形質又は建築等の規制に関すること（同法52条の2）
　（ⅲ）都市計画施設の区域又は市街地開発事業の施行区域内における建築の規制に関すること（同法53条〜57条）
　（ⅳ）施行予定者が定められている都市計画に係る都市計画施設の区域及び市街地開発事業の施行区域における土地の形質の変更又は建築等の規制に関すること（同法57条の2、57条の3）
　（ⅴ）都市計画事業の事業地内における土地の形質の変更又は建築等の規制に関すること（同法65条1項）
⑱　土地区画整理事業に関する事務
　都道府県等が施行する土地区画整理事業に係る事務等を除き、土地区画整理法及び同施行令の規定により都道府県が処理する事務の大部分が指定都市の事務とされているほか、指定都市が土地区画整理事業を行う場合においては、市町村に関する規定ではなく都道府県に関する規定が適用されることとされている（自治令174条の39）。
　（ⅰ）個人施行者及び土地区画整理組合及びこれらが施行する土地区画整理事業に対する監督等に関すること（土地区画整理法4条、10条、11条4項、13条1項、14条、20条、21条、39条1項、41条4項、45条2項、50条3項・4項、86条、97条1項、103条4項、123条1項、124条、125条）
　（ⅱ）土地区画整理事業施行地区内における土地の形質の変更又は建築物等の建築等の規制に関すること（同法76条）

⑲　屋外広告物の規制に関する事務

屋外広告物法の規定により都道府県が処理する事務の全部であり、条例による屋外広告物に関する制限及び違反に対する除却その他の措置の命令に関する事務である（自治令174条の40）。

2　個別法に基づく事務配分の特例

地方自治法に規定されている事務配分の特例のほか、個別の法令により、都道府県が処理する事務のうち、国土交通行政、文教行政、環境保全行政等に関する特定の事務の全部又は一部について、指定都市が処理することとされているものが少なくない。

国土交通行政に関する事務としては、道路法に基づく指定都市の区域内の指定区間外の国道の管理、都道府県道の管理（同法17条）等、文教行政に関する事務としては、地方教育行政の組織及び運営に関する法律に基づく県費負担教職員の任免、給与の決定、懲戒、研修（同法58条）等、環境保全に関する事務としては、大気汚染防止法に基づくばい煙の排出の規制、粉じんに関する規制等に関する事務の一部（同法31条、同施行令13条2項）、水質汚濁防止法の規定による排出水の排出の規制等、生活排水対策の推進に関する事務の一部（同法28条、同施行令10条）があり、地方分権一括法による都市計画法の改正により、都道府県が決定する都市計画の決定の事務（一部を除く）（同法87条の2）、都市再開発法の規定による建築行為等の規制、再開発事業計画の認定等に関する事務（同法137条、同施行令51条）が指定都市の事務とされている。また、指定都市には保健所が設置される（地域保健法5条第1項、同施行令1条）ことから、各個別法令で保健所設置市が処理することとなっている医療行政関係、感染症関係等の保健衛生行政関係、廃棄物の処理及び清掃に関する法律、理容師法、美容師法等の環境衛生行政関係に関する事務についても、

保健所設置市としての指定都市が処理することとされる。また、中小企業支援法の規定による中小企業支援事業に関する事務（同法3条1項、同施行令2条）も指定都市が処理することとなる。

3　指定都市が扱えない事務

　指定都市は、上記のように基本的には都道府県が行う事務のほとんどを独自に扱うことになり、都道府県と同格とされる。しかし、都道府県に包括されており、都道府県の影響力が完全に排除されるわけではないため、一部の事務は、都道府県が行っている。
　表3-1に、都道府県と指定都市の間の事務分担の一例を示す。
　このほか、後期高齢者医療制度においては、都道府県が直接事務に携わるわけではないが、指定都市も他の市町村とともに都道府県単位で広域事務組合を作り、そこで事務を取り扱う。指定都市の区役所は窓口業務を行うのみである。

4　都道府県の指定都市に対する関与等の特例

　指定都市が事務処理をするに当たって、一般の市で必要とされる都道府県知事等の許可、認可、承認等を要せず、又は、都道府県知事等に代えて国の各大臣の許可、認可等を要するなどの、関与等の特例が規定されている（地方自治法252条の19第2項）。
　同条第1項の事務配分上の特例と同条第2項の許認可等の特例とは一応別個の問題とされる。例えば、生活保護法及び同施行令に基づき都道府県が処理することとされている事務のほとんどを指定都市が処理することとしているが、同法23条1項の事務の監査、指定都市が設置する保護施設に対する同法44条、45条1項及び48条3項の規定による報告の命令等

表 3-1 都道府県と指定都市の間の事務分担

事　務	都道府県の事務	指定都市の事務
民生行政に関する事務	介護老人保健施設の開設許可 老人の介護の措置等の実施に関する連絡調整	養護老人ホーム、特別養護老人ホームの設置の認可・監督
保健衛生に関する事務	病院の開設許可 薬局の開設許可	診療所の開設許可 医療品一般販売業の許可
都市計画に関する事務	都市計画区域の指定 市街化区域及び市街化調整区域の都市計画決定 市街地再開発事業における組合の設立及び個人施行の認可 公共施行に係る土地区画整理事業に対する意見書の審査	広域的な都市施設の都市計画の決定 市街地開発事業の都市計画決定 土地区画整理組合の設立認可
文教行政に関する事務	県費負担教職員の給与支払 学級編成基準の設定 市町村立学校、私立学校等の設置、廃止等の認可	県費負担教職員の任免、給与の決定、研修
農林水産行政に関する事務	農業振興地域の指定 農業振興地域整備基本方針の作成 農地転用の許可 農業協同組合の設立等の認可 漁業権の設定の免許	農林水産行政に関する授権は特にない。
警察の設置に関する事務	都道府県警察の設置	自ら警察を設置することはない。但し、指定都市は、都道府県警察を管理する公安委員会の委員を、都道府県知事に推薦できる。指定都市が委員2名を推薦し、これに基づいて都道府県知事が委員を任命する。 また、指定都市の区域には、都道府県警察が「市警察部」を置く。

の都道府県知事の事務は、都道府県知事に留保することとしつつ（自治令174条の29第1項）、指定都市又は指定都市の施設等に対しては、これらの規定を適用しないこととし、又は都道府県知事の命令に代えて厚生労働

大臣の命令を受けるものとしている（自治令174条の29第6項）。

指定都市より都道府県知事その他の都道府県の執行機関に対する報告、通報その他の非権力的な連絡協力関係については、事務配分上の特例に伴う事務的な調整を除き、基本的な変更はない。これは、関係都道府県と指定都市が行う市町村相互間の連絡協力の必要性が少なくなるべき理由は考えられないからである。したがって、例えば、身体障害者福祉法10条の規定による都道府県が行う市町村相互間の連絡調整等については、指定都市についても適用がある（自治令174条の28第1項）。

この関与の特例は、かつて、行政監督の特例といわれていたが、指定都市制度の創設に当たって、旧五大都市の沿革（五大都市行政監督ニ関スル法律等）に基づき、指定都市ができるだけ都道府県から独立して権能を行使し、大都市の一元的な事務処理が可能となるよう設けられたものである。

関与等の特例の具体的内容は、地方自治法に基づく事務配分の特例に係るもの等については地方自治法施行令に具体的に規定されている（自治令174条の26第7項以下）が、個別の法令に規定されているものもある（道路法75条2項・3項等）。

不服申立て等については、他の一般の行政事務と異なる特殊な性質を有すること等にかんがみ、指定都市の処分に対する不服申立て（「審査請求」等）について、都道府県知事その他の都道府県の執行機関の裁決等の権限を留保しているのが原則である。即ち、地方分権一括法による改正によって機関委任事務制度が廃止されたことから、地方公共団体の執行機関が管理し執行する事務は、すべて地方公共団体の事務となり、市町村が処理する事務については都道府県及び都道府県の執行機関は、上級行政庁ではあり得なくなった。しかし、他の法律に特別の定めがある場合を除くほか、「法定受託事務」に係る処分又は不作為については、一般的に行政不服審査法による審査請求をすることができることとされている（地方自治法255条の2）。したがって、「法定受託事務」については、市町村長その他

の市町村の執行機関の処分又は不作為についても一般的に都道府県知事等に審査請求をすることができる（同条2号〜4号）。

したがって、事務配分上の特例の対象である「法定受託事務」についての指定都市の市長その他執行機関の処分又は不作為についても、都道府県知事等に審査請求をし、都道府県知事等が裁決することとなる。さらに「第1号法定受託事務」については、各大臣に再審査請求ができることとされる場合もある。例えば、児童福祉法における「第1号法定受託事務」について（同法59条の4第2項）、生活保護法における「第1号法定受託事務」について（同法84条の2第2項による66条1項の準用）などである。

「法定受託事務」に限らず、法律に特別の定めがある場合は当該法律の規定によるが、指定都市についても都道府県知事等に不服申立てをし、都道府県知事等が裁決等をするのが原則であると考えられる（地方自治法118条5項、143条3項、176条5項、206条1項、238条の7第1項、244条の4第1項、255条の3第2項、255条の5参照）。

5　行政組織の特例

（1）区の設置とその組織

1）区役所の設置

指定都市の行政組織の特例としては、区の設置があり、指定都市は、市長の権限に属する事務を分掌させるため、条例で、その区域を分けて区を設け、区の事務所（通称は「区役所」）又は必要があると認められるときはその出張所を置くものとするとされている（地方自治法252条の20第1項）。区の事務所やその出張所の位置、名称、及び所管区域は、条例で定めなければならない（同条2項）。区の事務所又はその出張所の位置及び所管区域については、住民の利便を十分に考慮すべきこととされている（同条5項による同法4条2項の準用）。

指定都市の区は、行政区画としての行政区である。つまり、都の特別区が特別地方公共団体として位置づけられているのとは異なり、指定都市の区は法人格をもたず、大都市における住民に身近な行政を円滑に処理するために設けられた指定都市内部の行政上の区画及びその組織である。

　区の事務所又はその出張所は、地方自治法155条の支所又は出張所と同様に、市長の権限に属する事務の全般にわたって地域的に分掌するものであるが、必ず指定都市の全域を画して区を設け、そこに区の事務所を設置しなければならないのであって、一部の区域にのみ区を設け、区の事務所を設けるようなことや、市役所の直轄の出張所を設けるようなことは許されない。

　区役所にどの程度の業務を担わせるかは、指定都市によって幅がある。戸籍、住民基本台帳、租税の賦課、国民健康保険、国民年金、福祉などの日常的・定型的な窓口業務のみを担当させる「小区役所制」（大阪市、名古屋市、京都市など）があれば、保健、土木、建築などの業務を幅広く行う「大区役所制」（川崎市、広島市、仙台市など）もある。

　なお、平成16年の地方自治法の改正により制度化された「地域自治区」も行政区画としての性格を有し、指定都市の区と同様の性格を有する（その組織、機構のあり方が異なる）。そうしたことから、「地域自治区」の制度化と関連して、「区地域協議会」の制度及び指定都市が設ける「地域自治区」についての特例の制度が規定されている。即ち、指定都市は、必要と認めるときは、条例で、区ごとに「区地域協議会」を置くことができるが、この場合、その区域内に「地域自治区」が設けられているときは、「区地域協議会」を設けないことができる（同法252条の20第6項）。また、区に「区地域協議会」を置く指定都市は、その一部の区の区域に「地域自治区」を設けることができる（同条9項）。

　なお、指定都市は、「地域自治区」を設けるときは、その区域は、区の区域を分けて定めなければならない（同条8項）。このことは、区をまた

がる「地域自治区」は設置できないこと及び区と同一の区域の「地域自治区」は設置できないことを意味している。

2）区の機関

指定都市の区の機関については、区の事務所の長として区長が置かれる（自治令174条の43第1項）。区長又は出張所の長は、市長の補助機関である職員をもって充てることとされており（同条3項）、区長は、市長の補助機関である職員のうちから、市長が命ずる（自治令174条の43第2項）。区長又は出張所の長は指定都市の市長の定めるところにより、上司の指揮を受け、その主管の事務を掌理し、部下の職員を指揮監督する（同条5項による地方自治法175条2項の準用）。

平成18年の地方自治法の改正後においては、従前の区助役の制度に相当する副区長のような制度は定められていない。

また、区に区会計管理者が1人置かれる（自治令174条の44第1項）。区会計管理者も区長と同様市長の補助機関の職員の中から市長がこれを命ずる（自治令174条の44第2項）。区会計管理者も一般職に属する地方公務員であり、地方公務員法の規律に服することは当然であるが、その身分関係については、その職務の性質上市の会計管理者と類似した取扱いを受ける。即ち、指定都市の市長、副市長、会計管理者若しくは監査委員又は区長と親子、夫婦又は兄弟姉妹の関係にある者は区会計管理者となることができない（自治令174条の44第3項）。これは市長の任命権に対する制限であり、この制限に違反した選任は無効である。区会計管理者は、指定都市の会計管理者の補助者であり、その指揮監督を受け、当該区に係る会計事務（決算の調製、支出命令の審査、指定金融機関等の検査等）をつかさどることとされている。区会計管理者の事務を補助させるため区出納員その他の会計職員を置くことができる（自治令174条の46第1項）。区出納員その他の会計職員は市長の補助機関である職員のうちから、市長がこれを命ずる（自治令174条の46第2項）。区出納員及びその他の区

会計職員も区会計管理者の補佐機関である。区出納員は、区会計管理者の命を受けて現金の出納（小切手の振出しを含む。）若しくは保管又は物品の出納若しくは保管の事務をつかさどり、その他の区会計職員は、上司の命を受けて会計事務をつかさどる（自治令174条の46第3項）。

3）区の選挙管理委員会

また、区には選挙管理委員会が置かれる（地方自治法252条の20第4項）。これは必置機関であり、原則として市の選挙管理委員会に関する規定が準用される（同条5項）。したがって、区の選挙管理委員会の委員の定数は、一般の市と同じく4人である。委員及び補充員は、その区における選挙権を有する者の中からこれを選挙しなければならない（自治令174条の47）。「その区における選挙権」とは、指定都市の市長及び議員の選挙権を有する者でその区に住所を有する者である。「選挙しなければならない」とは、指定都市の議会において選挙しなければならないということである。

区の選挙管理委員会は、法律又はこれに基づく政令の定めるところにより、当該指定都市が処理する選挙に関する事務及びこれに関係のある事務を管理する。公職選挙法においては、選挙人名簿、投票、開票等に関する事務については、区は市とみなされて（但し、選挙権の要件又は名簿登録要件たる引き続き3カ月の住所期間は指定都市の全区域を通じて計算することとされている）、区の選挙管理委員会は一般の市の選挙管理委員会の権限を行使する（公職選挙法269条、同施行令141条の2、141条の3）。直接請求の署名の収集、審査等に関する事務についても市に関する規定は区に関する規定とみなされているので、区の選挙管理委員会は市の選挙管理委員会の事務を行うこととなる（自治令98条の3、100、110、116、121）。

区の選挙管理委員会の職務の執行に当たっては指定都市の選挙管理委員会の指揮監督を受ける（自治令174条の48第1項）。

区の選挙管理委員会の事務処理の統一を図るため、地方自治法又は同施行令に定めるものを除いて、指定都市の選挙管理委員会が必要な事項を定めることができる（自治令174条の48第2項）。

その他区の選挙管理委員会の運営（地方自治法188条、189条等）、書記長、書記その他の職員（同法191条）等についても市の選挙管理委員会の規定が準用される（同法252条の20第5項による該当規定の準用）。

なお、住民基本台帳法、戸籍法等、区を市とみなしたり、市に関する規定を区等に準用しているものがある（住民基本台帳法38条、戸籍法4条後段）。

（2）人事委員会及び児童相談所の設置

そのほか、指定都市の行政組織の特例としては、指定都市には公平委員会ではなく必ず人事委員会を置くこととされ（地方公務員法7条）、また、児童相談所を設置することとされている（児童福祉法59条の4第1項、同施行令45条第1項、自治令174条の26第1項により適用があるとされる児童福祉法12条1項、13条1項）。

なお、各種の審議会等の附属機関については、指定都市の事務配分上の特例に伴い、地方自治法施行令において新たに指定都市に都道府県と同様の審議会等の附属機関を設置することとされている。例えば、指定都市は、児童福祉法による児童福祉に関する審議会その他の合議制の機関を置くものとされている（自治令174条の26第3項）。

6　財政上の特例

（1）経費負担の原則

事務処理に要する費用については、指定都市が処理することとされた事務に要する費用は指定都市が支弁すべきことが基本である。地方自治法

252条の19第2項の規定に基づき、許認可その他の関与等の特例が定められていることとの関連もあり、指定都市の施設の設置に要する費用、事業の執行又は事務の処理に要する費用につき、その一部を都道府県が負担することはないとされているものもある。この場合、国の負担率については変更がないので、指定都市は、一般の市町村については都道府県が負担すべき部分についても合わせて負担することとなる。例えば、児童福祉法に基づき市町村として指定都市が支弁する（同法51条参照）障害者福祉サービスの措置に要する費用（同条1号）、指定都市が行う助産の実施又は母子保護の実施に要する費用（同条2号）、都道府県及び指定都市以外の者の設置する保育所における保育の実施に要する費用（同条4号）及び指定都市が設置する児童福祉施設の設備及び職員養成施設に要する費用（同条6号）に対する都道府県の負担については、指定都市は対象にならないのはその例である（自治令174条の26第6項、児童福祉法54条、55条参照）。

（2）財政収入上の特例

指定都市の指定に伴い、事務配分の特例や行政組織の特例等により、新たな財政需要が生じることに対応して、財政上の特例が設けられている。

具体的には、まず、地方交付税の算定上所要の措置（基準財政需要額の算定における補正）が講じられている。

また、指定都市になると、道路に関する費用のための財源として、自動車取得税交付金及び軽油引取税交付金が増額される（地方税法701条の30、701条の31第1項1号）とともに、地方道路譲与税、石油ガス譲与税が都道府県並みに譲与される（地方道路譲与税法2条、石油ガス譲与税法1条）。

1）自動車取得税交付金

自動車取得税は、都道府県が、自動車の取得者に課税する目的税（道路

特定財源）であり、課税標準は自動車の取得価額である。税率は、自家用自動車については5％（暫定税率。本則は3％）である。自動車取得税交付金としては、都道府県に納付された税額の100分の95のうち、10分の7を市町村（特別区を含む）が管理する道路の延長及び面積に按分して交付する。指定都市へは、さらに100分の95のうち、10分の3を指定都市が管理する一般国道及び道府県道の延長及び面積の占める割合を乗じて交付する。

ちなみに、平成18年度決算ベースでは、自動車取得税の全額は4,570億円であったが、そのうち都道府県分が5％、都道府県及び指定都市分が28.5％、市町村分が66.5％であり、指定都市のみに交付される国・県道管理分は170億円であり、指定都市を含む市町村道分は3,080億円であった。

2）軽油引取税交付金

軽油引取税は、都道府県が、元売業者又は特約業者からの軽油の引取りに対して課税する目的税（道路特定財源）である。納税義務者は、元売業者又は特約業者から現実の納入を伴う軽油の引取りを行う者であり、課税標準は軽油の数量である。税率は、32,100円／kl（暫定税率。本則税率は15,000円）である。軽油引取税交付金については、指定都市を包括する都道府県は、軽油引取税の税収の90％を、その都道府県及び指定都市がそれぞれ管理する一般国道及び都道府県道の面積等に基づいて按分し、指定都市に交付する。

ちなみに、平成18年度決算ベースでは、軽油引取税収の総額は1兆510億円であったが、そのうち都道府県分は10％、都道府県及び指定都市分は90％であり、指定都市の国・県道管理分として交付されたのは1,160億円であった。

3）地方道路譲与税

昭和30年に地方道路譲与税法が制定されたが、これは、昭和28年に道路整備を促進する観点から揮発油税収入を国の道路目的財源とするための

「道路整備費の財源等に関する臨時措置法」が制定され、昭和29年度に揮発油譲与税として揮発油税の一部を地方公共団体に譲与する制度が暫定的に設けられた。これを受けて、これらを制度的に明確化する見地から、揮発油の消費に対する税負担を国の財源とする揮発油税と地方公共団体の財源となる地方道路税に区分することとされ、地方道路税の収入額の全額を地方公共団体に譲与する制度が創設されたわけであり、全額が道路に関する費用に充てられる。

これらの税の課税標準は、製造場からの移出又は保税地域からの引取数量（揮発油税法8条、地方道路税法3条）であり、税率は、揮発油税が48,600円／kl（平成30年3月31日までの暫定税率。本則税率は24,300円）、地方道路税が5,200円／kl（同暫定税率。本則税率は4,400円）、合計53,800円／kl（同暫定税率。本則税率は28,700円）とされている（揮発油税法9条、地方道路税法4条、租税特別措置法89条）。譲与団体は、全都道府県及び全市町村（特別区を含む）であるが、譲与基準は、都道府県及び指定都市に対して譲与額の100分の58に相当する額が、市町村に対して譲与額の100分の42に相当する額が譲与される。

都道府県及び指定都市に譲与される額は、その2分の1は、前年の4月1日現在における各都道府県及び指定都市の区域内に存する一般国道・高速自動車国道・都道府県道の延長に応じて、また、その2分の1は、前年の4月1日現在における各都道府県及び指定都市の区域内に存する一般国道・高速自動車国道・都道府県道の面積に応じて、それぞれ配分譲与される。（但し、譲与制限の制度があるとともに、譲与基準の補正制度がある。）

ちなみに、平成18年度決算ベースでいえば、地方道路税総額は3,050億円であったが、地方道路譲与税としては、このうち都道府県分が1,630億円、指定都市分が140億円、市町村分が1,280億円であった。なお、平成19年度の地方道路譲与税総額（実績）は3,037億円であり、平成20年度の同総額（地方財政計画ベース）は2,998億円である。

4）石油ガス譲与税

　昭和37年頃から液化石油ガスを燃料とする自動車がガソリン自動車に代わって大都市を中心に普及してきたことに伴い、揮発油及び軽油に対する課税との均衡を図り、併せて道路整備財源を確保する等の趣旨から昭和40年に石油ガス税法が制定されるとともに、地方における道路事業の特定財源を充実強化するため、石油ガス譲与税法が制定された。

　譲与総額は、石油ガス税収入額の2分の1である。

　石油ガス税の課税標準は、石油ガス充塡場からの移出又は保税地域からの引取数量であり、税率は、17.50円／kgである。

　譲与団体は、全都道府県及び全指定都市である。

　譲与基準は、その2分の1は、前年の4月1日現在における都道府県及び指定都市の区域内に存する一般国道・高速自動車国道・都道府県道の延長によって、その2分の1は、前年の4月1日現在における都道府県及び指定都市の区域内に存する一般国道・高速自動車国道・都道府県道の面積によって、それぞれ配分譲与される。（但し、譲与基準の補正制度がある。）

　ちなみに、平成18年度決算ベースでいえば、石油ガス譲与税総額は140億円であったが、このうち都道府県分は120億円、指定都市分は20億円であった。なお、平成19年度の石油ガス譲与税総額（実績）は137億円であり、平成20年度の同総額（地方財政計画ベース）は140億円である。

5）宝くじ事業の収益金

　指定都市には、宝くじの発売が都道府県と同様に認められている（当せん金付証票法4条）。

　すなわち、同法同条によれば、都道府県と指定都市は、当分の間、公共事業その他公益の増進を目的とする事業で地方行政の運営上緊急に推進する必要があるものとして総務省令で定める事業の財源に充てるため必要があるときは、当せん金付証票（いわゆる宝くじ）を発売することができ

る、とされている。

　平成18年度決算によると、宝くじは、47都道府県及び15指定都市の計62団体で発行されている。宝くじの発売額のうち普通会計等への収益金の繰出し総額は4,632億円（前年度4,558億円）となっており、その使途状況は、道路、教育施設、社会福祉施設等の整備事業の財源として活用されている。

　このように、宝くじ事業の収益金は、大都市財政が一層厳しさを増す中にあって、貴重な自主財源となっている。

　6）交通安全対策特別交付金

　道路交通法附則16条によって、「国は、当分の間、交通安全対策の一環として、道路交通安全施設の設置及び管理に要する費用で政令で定めるものに充てるため、都道府県及び市町村（特別区を含む。）に対し、交通安全対策特別交付金を交付する」としている。対象費用は、信号機、道路標識、道路標示等の設置、横断歩道、歩道、自転車道、中央帯、道路標識、街灯等の管理等のための費用である。

　この特別交付金の交付の基準は、同附則17条によって、都道府県及び市町村毎の交付金の額に、当該都道府県及び市町村の区域における交通事故の発生件数、人口の集中度その他の事情を考慮して政令で定めるところにより算定した額とするとされ、政令では、その他の市では基準額の3分の1等とされているところを、指定都市についてはその3分の1に加えて12分の5を加算するというように割増額が交付される。

第4章 国・都道府県・市町村の役割分担原則と事務事業の見直しの必要性

第1節　行政上の課題

1　地方分権改革は現在も未完

　国会が全会一致で地方分権の推進を決議したのが平成5年であり、地方分権推進法が制定されたのが平成7年であり、平成12年4月の地方分権一括法の施行により、わが国の行政システムは、中央集権型から地方分権型への転換に向けた改革が行われた。同法の施行からはや10年近くが経過しようとしているが、現在においても、なお多くの面において地方分権の視点からの課題が指摘されており、さらに力強く地方分権を進めるための制度及び運用の改革が求められている。

　この間、市町村合併も急速に進展したが、市町村の規模、能力の拡充とともに、その自主性・自立性の拡大を進め、国から市町村への流れをより確かなものとする必要がある。

　即ち、国と都道府県と市町村との役割分担の原則にのっとった事務・権限の移譲の一層の推進を図ることや、市町村を取り巻く環境の変化に的確かつ柔軟に対応することができるような諸制度の弾力化が求められている。また、国と都道府県と市町村の関係、国の法令による事務の義務付け

や執行方法・執行体制に対する枠付けの見直し、地方税財政制度の改革等を進め、一層の地方分権を進めることが何よりも重要である。

しかしながら、ここにきて権限と組織を頑なに守ろうとする中央省庁の壁は厚く、「三位一体の改革」では、約3兆円の税源移譲が実現したとはいうものの、そのための財源を生み出すために必要だった多くの国庫補助負担金の廃止は見送られ、国の強い関与を残したまま国の補助負担率を引き下げる手法が用いられ、地方の自由度の拡大という点では全く不十分な結果に終わったままの状態である。

そこで、改めて国と地方の関係の総点検を行って、国・地方を通じた行財政改革を徹底して行う必要がある。

その場合には、次の諸点についての総点検が必要である。

① 国と地方の役割分担の明確化
② 国による関与・義務付けの廃止、縮小
③ 国と地方の二重行政の解消
④ 権限の移譲に対応した国の出先機関の廃止・縮小
⑤ 地方がこれまで廃止を求めている国庫補助負担金のうち、未だ整理されていないものの廃止
⑥ 補充性の原理の徹底を図るために、市町村優先の原理の徹底

また、前述のとおり、指定都市といえども、各行政分野すべてにつき完全に独立した行政を担当できるまで事務移譲を受けているわけではなく、例えば、農林水産行政についてはほとんど授権されていない。

一方で、都道府県と指定都市の間では、一部につき共通する行政を担当することから、両者の間での二重規制、二重行政に陥る可能性が指摘されることがある。

また、法令上、指定都市は、一部の特例措置を除いては、一般の市町村と同列の制度の適用を受けるため、都道府県が市町村の行政を審査する行政不服審査制度に関する事項など、両者の関係について法令上あいまいな

部分もある。

2　第27次地方制度調査会の答申

　第27次地方制度調査会は、平成15年11月13日に、「今後の地方自治制度のあり方に関する答申」を出した。
　この答申が出された背景として、次のように述べられている。即ち、

> わが国の地方自治制度は、平成12年の地方分権一括法の施行により、そのありようは一新し、次なる新たなステージを迎えようとしている。市町村は、基礎自治体として地域において包括的な役割を果たしていくことがこれまで以上に期待されており、都道府県は、経済社会活動が広域化、グローバル化する中で、広域自治体としてその自立的発展のために戦略的な役割を果たすべく変容していくことが期待されている。また、地域においては、コミュニティ組織、NPO等の様々な団体による活動が活発に展開されており、地方公共団体は、これらの動きと呼応して新しい協働の仕組みを構築することが求められている。基礎自治体と広域自治体が21世紀においてそれぞれの役割を十分に果たしていく上で、どのような制度に変革していくべきかが問われている。

としている。
　また、この中で、地方分権時代の基礎自治体のあり方については、次のように述べられている。即ち、

> 今後のわが国における行政は、国と地方の役割分担に係る「補完性の原理」の考え方に基づき、「基礎自治体優先の原則」をこれまで以上に実現していくことが必要である。このためには、今後の基礎自治

体は、住民に最も身近な総合的な行政主体として、これまで以上に自立性の高い行政主体となることが必要であり、これにふさわしい十分な権限と財政基盤を有し、高度化する行政事務に的確に対処できる専門的な職種を含む職員集団を有するものとする必要がある。これを踏まえると、一般的には、基礎自治体の規模・能力はさらに充実強化することが望ましい。基礎自治体に対しては引き続き国として積極的な事務や権限を移譲するなど、可能な限り基礎自治体が住民に身近な事務を処理することができるようにしていくべきであり、少なくとも、福祉や教育、まちづくりなど住民に身近な事務については、原則として基礎自治体で処理できる体制を構築する必要がある。その結果、国民がこのような地方分権の担い手として十分な経営基盤を有する基礎自治体の住民となり、住民の自己実現を可能とするような豊かな地域社会を形成していくことができるようにすることが望ましい。

と述べている。
　また、これに併せて、住民自治の充実については、

　　地方分権改革が目指すべき分権型社会においては、地域において自己決定と自己責任の原則が実現されるという観点から、団体自治ばかりではなく、住民自治が重視されなければならない。基礎自治体は、その自主性を高めるため一般的に規模が大きくなることから、後述する地域自治組織を設置することができる途を開くなどさまざまな方途を検討して住民自治の充実を図る必要がある。また、地域における住民サービスを担うのは行政のみではないということが重要な視点であり、住民や、重要なパートナーとしてのコミュニティ組織、ＮＰＯその他民間セクターとも協働し、相互に連携して新しい公共空間を形成していくことを目指すべきである。

と述べている。
　また、この答申の中で、「大都市に関する制度の現状と課題」として、

　　　高次の都市機能が集積する都市地域においては、多様化する住民ニーズに即応して機動性の高い行政サービスの提供が求められており、大都市である基礎自治体に対する一層の権限の移譲をはじめとした権能の強化が求められている。一方、大都市は一般に人口が稠密で、多様で高度な都市機能が集積し、その社会実態的機能が一般の都市以上に広くかつ大きく周辺地域に及んでいるため、周辺地域との一体的整備が不可欠であり、大都市に特有の行政サービスの提供とともに、大都市を含む広域的なネットワークによる行政課題への対応が求められている。また、大都市地域においては、住民と行政との距離が大きいという指摘があり、また人口の集中や合併によって都市の規模が拡大するにつれ、このような傾向が一層助長される可能性も否定できない。個々の住民の意見を大都市経営に反映し、より多くの住民の行政への参画を促す仕組みが必要である。

と述べている。
　そのような認識の下に、「大都市に共通する課題」として、

　　　特に、三大都市圏の既成市街地、近郊整備地帯における都市計画権限をはじめとした都道府県と市町村の都市計画制度に係る役割分担のあり方や農地転用のあり方については、その早急な見直しが必要である。また、義務教育、産業振興の分野を中心に一層の権限移譲が進められるべきである。このほか、大都市をはじめとした市町村に共通の課題として、都道府県においては、条例による事務処理の特例の活用等により、基礎自治体の規模・能力に応じて権限を移譲するなど、可能な限り基礎自治体が住民に身近な事務を自立的に処理することがで

きるようにしていくべきである。

と述べている。

　また、「指定都市制度」については、

> 指定都市は、一般の市町村よりも幅広い事務権限を有しているが、指定都市を含む大都市地域においても、環境保全、防災、交通ネットワークなど区域を超える広域的な取組みを必要とする行政分野が存在している。…指定都市については現行制度の大枠の中で、その権能を強化するという方向を目指すべきである。その上で、大都市圏全体で行政課題を解決することが求められる分野については、指定都市と周辺市町村との連携を強化するとともに、都道府県がこれに対応した調整の役割を果たすことが求められる。また、現在、指定都市の人口は合計で2千万人を超えており、わが国人口の約6分の1を占める住民が各行政区に居住し、日常の行政サービスの多くを各行政区から受けている。住民サービスを充実するという観点からは、大都市における行政区がより住民に身近なものとなり、住民の意向が一層反映されるよう、地域内分権化を図る必要があると考えられる。このため、各指定都市における実情に応じ、前述の地域自治組織の活用を図ることが期待される。

と述べている。

3　指定都市を含めた地方の自由度の拡大のための事務・事業の見直し

　前述したように、平成12年4月の地方分権一括法の施行により、わが国の行政システムは、中央集権型から地方分権型への転換に向けた改革が行われたが、同法の施行から10年近く経過した現在においても、なお多

くの面において地方分権の視点からの課題が指摘されており、さらに力強く地方分権を進めるための制度及び運用の改革が求められている。

地方の自由度の拡大のための事務・事業の見直しについては、地方分権改革推進会議による平成16年5月12日の「地方公共団体の行財政改革の推進等行政体制の整備についての意見―地方分権改革の一層の推進による自主・自立の地域社会をめざして―」及び第28次地方制度調査会による平成17年12月9日の「地方の自主性の拡大及び地方議会のあり方に関する答申」の中で次のように取り上げられている。

即ち、住民から直接選出された長が責任をもつことが求められているにもかかわらずこの要請を満たすことができない行政分野が生じている状況を改善し、また、地方行政の総合的、効率的な運営や組織の簡素化を図るため、次のような必置規定の見直し、組織・運営の弾力化を図るべきであるとされている。

筆者は、例えば、義務教育職員の給与に要する経費はその全額を市町村の負担として県費負担教職員制度を廃止すべきであり、また、そのための市町村税源の充実確保は可能と考えているのであるが（第9章で詳述）、以下では上記の報告の内容をそのまま紹介することとする。

(1) 幼稚園・保育所の制度の一元化

幼稚園・保育所の制度の一元化については、平成15年6月の「経済財政運営と構造改革に関する基本方針2003」（以下「基本方針2003」という。）において、就学前の教育・保育を一体として捉えた一貫した「総合施設」の設置が表明され、幼稚園・保育所の制度の一元化の実現に向けて具体的な一歩が踏み出された。これをきっかけにして、近い将来、制度の一元化の実現が望まれる。

そのためには、以下のような条件の整備が必要である。

① 幼稚園、保育所の連携、合築を推進するため、保育所の施設基準等

の緩和をさらに進めるべきである。例えば、幼稚園児と保育所児の合同活動・保育、保育室共用化、保育所への給食の外部搬入方式の導入、私的契約児の弾力的受入れ等のほか、面積基準の緩和や調理施設必置規制の廃止を行うべきである。

② 幼稚園教諭・保育士資格の一元化については、幼稚園教諭の保育士資格取得の際の試験科目一部免除等の措置が既に実施されており、また、保育士資格を有する者への新たな幼稚園教員資格認定試験も導入されている。幼稚園教育要領と保育所保育指針は内容について整合性が確保されており、幼保一元化施設における幼稚園教諭免許・保育士資格の両資格を併有しない者の任用を制約する合理性は低いのであるから、幼保一元化の環境整備を図る観点から、両資格の一元化をさらに推進するべきである。

③ 設置主体の面では、幼保一元化を推進するため、株式会社による幼稚園設置・運営の一般化を進めるとともに、株式会社等への幼稚園の管理運営委託が可能となる方向で検討を進めるべきである。

④ 「総合施設」については、その基準（設置主体、施設・設備、職員の資格・配置、受入児童等）について、地域のニーズに応じて弾力的に対応できるよういずれも現行の幼稚園と保育所に関する基準よりも緩い基準とする等、地方公共団体の裁量を拡大することが必要である。

⑤ 幼稚園、保育所の担当部局については、現状では担当が分散していることから、幼保一元化に併せて、地方公共団体が行政担当部局の総合化を進めるため、幼保行政の担当部局を自由に選択・調整できるようにすべきである。

（2）保健所長医師資格要件の廃止

保健所長医師資格要件については、かねて地方公共団体からは、保健所

長医師資格要件は地方公共団体の人事上の制約となっているほか、保健・福祉施設統合による行政サービスの総合化・効率化の障害になっている等の指摘が行われてきた。

この問題について、厚生労働省の下での「保健所長の職務の在り方に関する検討会」において関係者間でより幅広い議論が行われてきたが、その報告書（平成16年3月31日）においては、「現行の医師資格要件を維持すべき」との意見と、「医師であることを原則とし、例外的に、他の専門職の者を充てることを認めるべき」との両論併記となった。また、「医師資格要件を廃止し、医師以外の者の任用を認め、保健所には必ず医師を配置する」との意見が記載された。

この報告書を踏まえ、厚生労働省は「公衆衛生行政に必要な医学的専門知識に関し医師と同等又はそれ以上の知識を有する技術吏員に対して医師資格要件の例外を認める」ことを決定した。この要件は依然として厳しいものであることは否定できない。

しかしながら、地方分権改革推進会議は、地方公共団体の判断により保健所長に行政能力の高い人材を配置できるようにすることが必要との観点から、「医師資格要件廃止の方向で見直しがなされることを強く求める」との提言を行っている。

このような経緯があるが、この問題については、地方公共団体の組織運営や保健所行政への効果、地域住民の健康・安全の確保への影響、緊急時における対応の状況等を踏まえ、医師資格要件について廃止の方向で見直しを行う必要がある。

（3）教育委員会の必置規制の弾力化

教育委員会制度については、本来教育の地方分権を促進する観点から戦後設けられた制度であるが、制度創設後半世紀が経過し会議の形骸化等の指摘がなされている。

教育委員会については、この問題のほかに、保育所と幼稚園、私立学校と公立学校等、長と教育委員会がそれぞれ類似の事務を担任していることなどから地方公共団体の一体的な組織運営を妨げているという問題がある。

　教育委員会を必置とする理由として、教育における政治的中立性の確保や地域住民の意向の反映等の必要性が挙げられているが、これらの要請は審議会の活用等他の方法でも対応できると考えられる。国においては教育行政に関し行政委員会制度を採っていないが、この制度の必要性が地方における教育行政に特有のものであるとは考えられず、また、地域住民の意向の反映はむしろ公選の長の方がより適切になしうると考えられる。

　このため、地方公共団体の判断により教育委員会を設置して教育に関する事務を行うこととするか、教育委員会を設置せずその事務を長が行うこととするかを選択できるようにすることが適当である。

　また、文化、スポーツ、生涯学習支援、幼稚園、社会教育、文化財保護なども含め、公立小・中・高等学校における学校教育以外の事務については、地方公共団体の判断により長が所掌するか、教育委員会が所掌するかの選択を幅広く認める措置を直ちにとるべきである。

　ただ、上記の点については、教育委員会の果たしている役割を評価する意見があった一方で、町村については、選択制への移行にとどまらず、制度を廃止すべきとの意見もあった。

　そこで、中央教育審議会では、地方分権時代における教育委員会のあり方について検討が開始されている。

　検討されている点は、制度の意義と役割、首長と教育委員会との関係、市町村教育委員会と都道府県教育委員会の関係、学校と教育委員会との関係等であり、教育委員会の必置規制及び権限については、次のような見直しが必要であるとされている。

　① 必置規制の弾力化

教育委員会制度については、地方公共団体の行政組織の弾力化を図る上で必置規制が支障になっている、あるいは、教員出身者が事務局組織の主な役職についており、また、合議制であるため機動性・弾力性に欠ける等の指摘がある。

　さらに、公立教育と私学教育の一体的推進、初等中等教育と高等教育の一体的推進、生涯学習・社会教育行政の一元化、幼保一元化を進めるべきとの意見もある。実際上も、制度創設時と比べて教育委員会の所管に属さない私立学校の割合が高まる等、経済社会情勢は変化している。

　そこで、地方公共団体の行政組織の弾力化、教育行政の総合化、教育の活性化、教育制度の迅速な改革、小規模教育委員会の活性化等の観点から、教育の政治的中立性を確保しつつ、各地域の実情に応じて地方公共団体の判断で教育委員会制度をとらないという選択肢を認めるべきであるという意見がある。

　また、特に、生涯学習・社会教育行政の一元化、幼保担当部局の一元化の観点から、地方公共団体がこれらの担当部局を自由に選択・調整できるようにすることが必要であるとする意見がある。

② 権限の見直し

　教育委員会制度創設の趣旨を徹底し、教育内容の地方分権を推進していく意味から、学習指導要領を超える多様なカリキュラム編成、例えば、英語による授業、英語教育早期開始、カリキュラムを先取りした数学・算数、中国語等の第二外国語授業、小中一貫教育実施等、また、児童の習熟度に応じた就学年齢の弾力化、週間授業日数の弾力化等について、教育委員会等の権限で行えるようにする等、公立学校が各地域の実情・ニーズに応じて特色ある教育を実施できるようにする必要がある。

　都道府県教育委員会と市町村教育委員会との関係について、学級編成基準及び教職員定数設定、教科用図書採択地区設定の権限については、現在都道府県教育委員会が有しているが、学級編成基準及び教職員定数

設定については、都道府県教育委員会との協議の上、各学校の設置・管理主体（小中学校については市町村教育委員会）が行えることとする等、きめ細かな教育を実施できるよう検討することが必要である。また、教科用図書については、現在、採択地区の小規模化に向けた取組みが進められているが、私立学校、国立学校では学校ごとの特色が発揮できるよう学校単位での教科書選択について検討することが必要である。

　教職員については都道府県負担教職員のみが認められているが（県費負担教職員）、各地域の多様な教育ニーズに対応できるよう、市町村が県費負担教職員の費用を一部負担できるよう検討するほか、市町村の全額費用負担による市町村教育委員会が任命権を有する教職員の配置（市町村費負担教職員任用事業）を一般化する必要がある。

　なお、県費負担教職員の任命権については都道府県教育委員会と指定都市教育委員会のみが有することとされているが、その他の市町村についても県費負担教職員の任命権について、都道府県教育委員会との協議の上、当該市町村教育委員会へ移管できることとする等、市町村教育委員会が機動的・弾力的に対応できるよう検討することが必要である。

　また、特に、学級編成基準及び教職員定数設定の権限については、指定都市への移管を早急に進める必要がある。また、さらに、中核市等についても県費負担教職員任命権と併せてこれら権限の移管を進める必要がある。

（4）農業委員会の必置規制のあり方

　農業委員会は、農地の権利移動の許可等法令業務の処理件数が減少傾向にあるなどその役割が変化しており、地域によっては事務の大半が事務局により処理されているなど形骸化しているとの指摘がある。

　また、現行制度上、農地が一定面積以下の市町村については農業委員会を置かないことができるが、一定面積を超える市町村について、市町村の

裁量を認めずに一律に必置とすることは必ずしも論理的な整合性はないものと考えられる。

さらに、必置の理由とされている地域の農業者の参画の必要性についても、首長部局と農業者との定例的な意見交換の場などにより代替することが可能であり、必ずしも行政委員会形態をとる必要はないものと考えられる。

このため、市町村の判断により農業委員会を設置するか、設置せずその事務を市町村長が行うかを選択できることとするのが適当である。なお、農業委員会については、選択制への移行にととまらず、制度を廃止すべきとの意見もあった。

第5章 国と地方の税財源配分のあり方

第1節　地方税財政制度の改革の経緯

　明治維新、戦後改革に次ぐ「第三の改革」が地方分権一括法の施行とともに現実のものとなって歩み始めたのが平成12年4月1日である。この改革の基本理念は、国と地方の役割分担を明確にし、対等・協力を基本とする国と地方の新しい関係を構築し、地方公共団体の自主性・自立性を高めることである。

　地方公共団体が、自己決定・自己責任の原則に基づき、地域内の諸課題に積極的に取り組んでいくためには、財政面においても、自主財源である地方税を基本として、国からの財源への依存度合をできる限り縮減し、より自立的に財政運営を行うことができるようにすることを目指すべきである。

　地方公共団体の財政自治の充実確保のため、これまで様々な改革がなされてきたことも事実である。本書は、将来に向かって、市町村優先の原則を地方財政の分野で貫徹する必要性を述べ、特に指定都市の税財政制度の改革の方向を考えるものであるが、以下は、既に改革がなされているものを含め、これまでの経緯を地方制度調査会の答申等に沿って振り返ったものである。

1 第26次地方制度調査会の答申（平成12年10月25日）の内容

（1）地方税財源の充実についての基本的な考え方

　国と地方の歳出純計に占める地方の歳出の割合は約3分の2であるのに対し、租税総額に占める地方税の割合は約4割であり、歳出規模と地方税収入には大きな乖離がある。地方税については、この乖離をできるだけ縮小するという観点に立って、その充実を図らなければならない。

　自主財源である地方税を基本としつつ、国庫補助負担金、地方交付税等の国からの財源への依存度合をできるだけ縮減し、より自立的な財政運営を行えるようにすることを目指すべきであり、これにより、福祉・教育、社会資本整備など様々な行政サービスによる受益と負担の対応関係のより一層の明確化が図られ、国・地方を通ずる行政改革や財政構造改革の推進にもつながるものと考えられる。

　特に、国庫補助負担金については、地方公共団体の自主的な行財政運営を阻害しがちであり、財政資金の非効率的な使用を招きやすいことなどから、国庫負担金・国庫補助金の区分に応じて積極的に整理合理化を図るべきである。

　しかしながら、地方税の充実確保を図っていく場合でも、地方公共団体間の税源の偏在の問題は解消できるものではなく、地方交付税制度は、税源の偏在による財政力の格差を是正するとともに、地方行政の計画的な運営を保障し、地方公共団体が法令等に基づき実施する一定水準の行政を確保してきたが、今後とも、引き続き重要な意義を有する財源である。

（2）地方税源の充実確保方策の方向

　地方税の充実確保を図る際には、所得・消費・資産等の間における均衡のとれた国・地方を通ずる税体系のあり方等を踏まえつつ、税源の偏在性が少なく税収の安定性を備えた地方税体系の構築が重要であり、その際、

都道府県と市町村の役割や現状を踏まえた税源配分のバランスも考慮すべき課題といえる。

① 法人事業税への外形標準課税の早期導入

都道府県の基幹税目となっている法人事業税への外形標準課税の導入は、地方分権を支える安定的な税源の確保に資するだけでなく、応益課税としての税の性格の明確化、税負担の公平性の確保、経済の活性化・経済構造改革の促進等の重要な意義を有する改革であり、早期に実現すべきである。

② 個人所得課税に占める個人住民税の割合の大幅な拡充

個人住民税は、地域住民が地域社会の費用の負担分任の原則の下に負担する税であり、受益と負担の明確化という観点や少子高齢化に伴い様々な財政需要の増大が見込まれることから、充実を図っていくことが望ましい。また、個人所得課税に占める個人住民税の割合の大幅な拡充がなされる際には、個人住民税をより比例的な税率とすることも検討すべきである。

③ 地方消費税の基幹税化

地方消費税は、地方分権の推進や地域福祉の充実のための税として創設されたものであり、少子高齢化に伴う幅広い財政需要を賄う税として、今後、その役割がますます重要なものとなっていくと考えられること、及び地方税体系における所得・消費・資産等における均衡を図るという観点などから、地方財政を支える基幹的な税として、その充実を図っていくことが望ましい。

④ 固定資産税の安定的な確保

固定資産税は、資産の保有とそれに対して市町村が提供する道路、上下水道、消防、その他の行政サービスとの間に存する一般的な受益関係に着目して課税されるものであり、応益性という地方税の重要な原則を具現化した税であるとともに、市町村財政を支える基幹的な独自の財源

であり、引き続きその安定的な確保に努めるべきである。
⑤ 法定外税の活用
　地方分権一括法による地方税法改正において、地方公共団体の課税自主権尊重の観点から、法定外普通税の許可制が同意を要する協議制に改められ、協議の範囲が縮減されるとともに、法定外目的税が創設された。多くの地方公共団体において、こうした制度改正の趣旨を踏まえ、課税自主権の活用について積極的な検討が行われているが、財政基盤の強化や自己決定権の拡大という観点からは、望ましいと考えられる。

(3) 国庫補助負担金の整理合理化

　地方の自己責任に基づく自主的・効率的な行財政運営を確立するため、国庫負担金・国庫補助金の区分に応じて、真に必要なものに限定するという基本的な方針に沿って積極的に国庫補助負担金の整理合理化を進めることが必要である。
　なお、国庫補助負担金の廃止・縮減を行っても引き続き当該事務・事業の実施が必要な場合には、地方税・地方交付税等の必要な一般財源を確保していくことが必要である。
　また、存続する国庫補助負担金については、地方公共団体の自主的・自立的な行財政運営が損なわれることがないよう、運営・関与の改革を図るとともに、可能な限り地方公共団体の自主的な施行が可能な統合補助金化、交付金化を進めるべきである。

(4) 地方交付税の確保と算定の合理化

　税源の偏在による財政力の格差を是正するとともに、地方行政の計画的な運営を保障し、地方公共団体が法令等に基づき実施する一定水準の行政を確保するため、地方交付税の所要額を確保することが必要である。
　また、近年では、巨額の財源不足の補填を交付税及び譲与税配付金特別

会計における借入金等により賄っているが、現在同特別会計の借入金残高は38兆円にも上っている。今後、このことを十分踏まえつつ、財源不足の縮小に努め、適切な地方財政対策を講ずるべきである。

基準財政需要額は、合理的かつ妥当な行政水準の確保のためあるべき標準的な財政需要を測定するものであり、常にその算定のあり方を点検するとともに、地方分権の時代にふさわしい簡素で効率的な行政システムの確立、行財政運営の効率化・合理化の要請を的確に反映させる観点から、算定の一層の合理化を図るべきである。

(5) 地方債の良質資金の確保と流通性の向上

新しい財政投融資制度の下においても、地方公共団体が社会資本の整備を着実に推進できるよう引き続き良質な公的資金の確保を図るべきである。

また、地方債の共同発行機関たる性格を有する公営企業金融公庫については、資金調達に対する政府保証を付することを基本として、長期かつ低利な資金を今後も安定的に供給できる仕組みを構築していくことが必要である。

さらに、地方債の許可制度から協議制度への円滑な移行を進めるとともに、民間資金の安定的な調達を図るため、引き続き地方債の流通性向上に努めることが必要である。

2　第27次地方制度調査会及び地方分権改革推進会議の意見

第27次地方制度調査会は、平成15年5月23日に、「地方分権推進のための三位一体改革の進め方についての意見」を、また、地方分権改革推進会議は、平成15年6月6日に、「三位一体の改革についての意見」を、相次いで内閣総理大臣に提出した。これらは、政府において、平成14年6月25日に閣議決定された「経済財政運営と構造改革に関する基本方針

2002」に基づき、国の歳出構造改革の観点から、国庫補助負担金、地方交付税、税源移譲を含む税源配分のあり方を三位一体で検討し、それらの望ましい姿とそこに至る改革工程を含む改革案を1年以内を目途に取りまとめることとして検討作業が大詰めを迎えている状況の中で、これらの諮問機関が、三位一体の改革に絞って、地方分権の推進の基本に立ち返ってその考え方を整理し、意見をまとめたものである。これら両意見は、まとめ方の相違はあるが、基調は同じであるので、それらの趣旨を併せたものを以下にまとめることとしたい。

(1) 三位一体の改革の基本的な考え方

　三位一体の改革は、戦後50年間維持されてきた地方財政制度を抜本的に見直すものである。

　国・地方を通じた危機的な財政状況を克服し、今後少子高齢化が一層進展する時代にわが国の活力を回復し維持していくためには、「官から民へ」「国から地方へ」との考え方の下、地方分権を推進することにより、これまでの中央集権的なシステムを転換し、国と地方の明確な役割分担に基づいた自主・自立の地域社会からなる分権型システムの構築を目指すことが必要である。

　三位一体の改革により、地方の歳出、歳入両面での国による関与を縮減し、住民が行政サービスの受益と負担の関係を選択することが可能となるような地方財政制度の構築を実現すべきである。

　このためには、事務・事業のあり方の見直しによる国と地方の役割分担の適正化に応じた税財源配分のあり方と、国の財源保障のあり方をともに見直すことにより、地方公共団体における受益と負担の関係の明確化を目指すと同時に、国と地方公共団体それぞれの財政責任を明確にすることにより、国・地方双方の財政の持続可能性を高めるべきである。

　三位一体の改革については、地方税中心の歳入体系の構築を目指し、地

方歳入に占める地方税のウエイトを高めることを基本に据えて進めていく必要がある。その際、税源移譲、地方交付税の見直し、国庫補助負担金の廃止・縮減等の改革を、同時併行で一体のものとして相互にバランスを図りながら進めていくことが必要である。

具体的な進め方としては、地方一般財源、とりわけ自主財源である地方税の拡充を目指して、国庫補助負担金を廃止・縮減した上で、その財源を地方税として移譲するとともに、一般財源ではあるが国への依存財源である地方交付税の一部も、両者のバランスを考慮しながらこれを地方税へ振り替えることを基本的な方向とするべきである。

（2）税源移譲を含む税源配分の見直し

現在、歳出純計に占める国と地方の歳出の割合は概ね4対6であるのに対し、租税総額に占める国税と地方税の割合は概ね6対4という状況を改めていき、国と地方の行政任務や地方分権の理念を踏まえつつ、租税総額に占める地方税のウエイトを高め、国税と地方税の税源配分が1対1となることを目指すべきである。

税源移譲を含む税源配分の見直しは、地方財政の自立と地方公共団体における受益と負担の関係の明確化を実現する上で、その中核をなすものである。また、その見直しに当たっては、応益性や負担分任性という地方税の性格に十分留意しつつ、税源の偏在性が少なく、税収の安定性を備えた地方税体系を構築する仕組みを進める必要がある。

なお、以下に述べるように、国庫補助負担金の廃止・縮減は強力に進められるべきであるが、廃止される国庫補助負担金の対象事業のうち、引き続き地方が主体となって実施する必要のあるものについては、その所要額を地方に税源移譲することが必要である。このことにより、事業の実施に創意工夫が発揮され、知恵とアイデアの地域間競争を通じて、地域のニーズに即した効果的・効率的な行政サービスが提供され、地方財政の効率化

に資することが期待される。

　地方公共団体は、配分された税源の下で必要となる税収を住民に向き合って確保することが求められる。

　個人住民税は、地方が受益と負担の関係を認識し、税負担を自己決定できる税であり、地域住民が広く負担を分かち合うことから地方の基幹税としてふさわしい。個人住民税の応益性を徹底し、広く負担を分かち合うとの観点から、均等割の課税対象の拡大とその税額の引き上げ、所得割の諸控除の見直しによる課税ベースの拡大、税率のフラット化とそれに伴う所得税との調整を行うべきである。

　地方消費税は、精算を行うことにより税収の偏在性が少なく、安定的な基幹税目の1つとして、今後とも引き続き大きな役割を果たすことが期待される。

　平成15年度の税制改正により、法人事業税に部分的に外形標準課税が導入されたことに伴い、応益原則により広く薄く負担を求める税制へと改革の歩みが進められたが、引き続き応益性を高めるための改革を推進すべきである。

　課税自主権は、地方公共団体が住民に向き合って受益と負担の関係を明確にする手段であり、個人住民税への超過課税などにまずその活用が検討されるべきである。地方公共団体が、自らの責任において実際に地方税の増減税が可能となるよう、それを妨げている制度の見直しなど課税自主権が活用されやすい制度改革が検討されるべきである。

　指定都市や中核市は、都道府県から多くの事務を移譲されているにもかかわらず、それに対応した税源が必ずしも十分に配分されていない。都道府県との事務配分を踏まえ、本来自立可能な財政力を有する大都市の税制のあり方について、今後検討を行うことが必要である。

（3）地方交付税の改革

　地方交付税については、国が地方公共団体に対して、仕事を義務付け又は実質的に地域格差を容認しないことを前提に仕事を委ねるという財源保障機能をもっている。

　また、地方財政計画の策定を通じて、地方公共団体が標準的な行政水準を確保できるよう、財源保障を行うことが国の責任であるとする理念が存在している。

　地方公共団体間の財政力格差の拡大への対応については、国庫補助負担金や地方譲与税などの配分調整を通じた財源均填化を図るとともに、なお残る財政力格差に対処し、各地方公共団体の標準的な行政サービス水準を適切に維持するためには、財源調整・財源保障機能を一体として果たす地方交付税制度の役割が重要である。

　地方交付税の改革は、地方公共団体における受益と負担の関係の明確化と国と地方公共団体の財政責任の明確化に資するものであり、将来にわたる持続可能な財政調整制度の構築を目指すものである。税源移譲を含む税源配分の見直しの結果、地方歳出に占める地方税収の比率が高まれば高まるほど、税源の偏在を踏まえれば、地方公共団体間の財政力格差は拡大することに留意する必要がある。

　地方交付税の改革を行うに当たっては、まず地方歳出の徹底的な見直しを行い、地方財政計画の規模の縮減を図り、地方交付税総額の抑制を行うべきである。このため、法令や国庫補助負担金を通じた国の関与を廃止・縮減することにより国・地方を通じた歳出の合理化・効率化を行うとともに、地方独自でコントロール可能な地方単独事業等の縮減を行うべきである。また、地方交付税の財源保障機能の縮小によって、地方公共団体の行政改革努力や税収等の確保努力を促すことが必要である。

　地方交付税の算定の仕組みについても、地方公共団体の自主的・自立的な財政運営を促進するため、留保財源率の引き上げ、算定の簡素化、事業

費補正・段階補正の見直しを行うべきである。特に、地方債の元利償還金に係る地方交付税措置である事業費補正については、社会資本蓄積が進んでいる以上、社会資本形成のための事業は縮小されるべきとの認識に照らし、原則廃止していくべきである。

　地方交付税の中長期的な改革については、国の義務付けや国庫補助負担金による関与の廃止・縮減の状況も勘案しつつ、国が地方歳出総額を規定してそれを保障するという側面を極力少なくし、税源移譲を含む税源配分の見直し等により地方税の充実が進むことを踏まえ、地方公共団体間の財政力格差を調整する機能を強く前面に押し出す方向で検討していくべきである。

（4）国庫補助負担金の廃止・縮減

　国庫補助負担金の改革は、国の関与を廃止・縮減し、地方公共団体の裁量を拡大するとともに、国と地方を通じたスリム化を実現する観点から行うものである。

　国庫補助負担金については、政府の基本方針2002に示された「改革と展望」の期間中に、数兆円規模の削減を目指すべきである。

　国庫補助金については、国家補償的性格を有するもの、災害による臨時巨額の財政負担に対するものなどを除き、原則廃止・縮減するべきである。

　経常的国庫負担金については、国が一定の行政水準を確保することに責任をもつべき行政分野に関するものであるが、社会経済情勢等の変化をも踏まえ、国の関与の整理合理化等と併せて、その対象を真に国が義務的に負担を行うべきと考えられる分野に限定していくべきである。

　総合的に樹立された計画に従って実施させるべき建設事業に係る国庫負担金については、国家的プロジェクト等広域的効果をもつ根幹的な事業などに限定するとともに、類似の国庫補助金も含めて住民に身近な生活基盤の整備等に係るものは地方の単独事業に委ねていくべきである。

また、国庫負担金及び国庫補助金を通じて、地方公共団体の事務として同化・定着・定型化しているものについては、例えば、法施行事務費に係るもの及び公共施設の運営費・設備整備費に係るものについては、一般財源化を図るとともに、人件費に係るものについては、必置規制を見直すとともに、原則一般財源化を図るべきである。また、国庫補助負担金が少額のもの、国庫補助負担事業部分が一部にすぎないもの等については、原則として、廃止又は一般財源化を図るべきである。
　上記の見直しを行った上で、なお存続する国庫補助負担金については、統合補助金化・交付金化を推進するとともに、国が箇所付けしないという運用を徹底すべきである。
　また、国庫補助負担金の廃止・縮減後、引き続き事務事業が存続するものについては、税源移譲等により所要の財源措置が講じられる必要があることはいうまでもなく、単に国の歳出削減を目的として地方への負担転嫁がなされるようなことは断じてあってはならない。これにより所要の財源が確保され、行政水準の確保には支障は生じないことを踏まえて、国庫補助負担金の廃止・縮減に向けて積極的な取組みが行われるべきである。

(5) 地方債の改革

　地方債の改革は、国の財源保障のあり方の見直しの一環として行い、地方債を市場が評価することを通じて、地方公共団体の財政運営の規律を強化することを目指すべきである。
　新発地方債の元利償還に対する交付税措置は、市町村合併の特例に関する法律に基づく特例債等の真にやむをえないものを除き、廃止・縮減の方向で検討すべきである。
　都道府県等規模の大きな地方公共団体については、縁故債から市場公募債への移行を促進するとともに、発行条件についても地方公共団体の財政状況がより反映されるよう、その決定方式を見直すべきである。

なお、地方債を市場が適切に評価するためには、地方公共団体の債務償還能力等その財務状況が的確に反映される公会計制度の整備が必要である。

第2節　三位一体の改革の成果

　上記のように、平成12年4月の地方分権一括法の施行以後、地方分権推進委員会、地方分権改革推進会議及び地方制度調査会による地方税財政改革に関する報告・意見等を受けて、政府として、平成13年6月の「今後の経済財政運営及び経済社会の構造改革に関する基本方針（「基本方針2001」）を閣議決定したのをはじめ、その後、平成14年6月の「基本方針2002」、平成15年6月の「基本方針2003」、平成16年6月の「基本方針2004」、平成16年12月の「三位一体の改革の全体像」、平成17年6月の「基本方針2005」、平成17年12月の「三位一体の改革について」、平成18年7月の「基本方針2006」、平成19年6月の「基本方針2007」を閣議決定して、地方税財政改革を実行に移したところである。
　その内容は次のとおりである。

1　基本方針2001

　特定の事業の地方負担を地方交付税で措置する仕組み（地方債の償還費を後年度に地方交付税で措置する仕組み等）については縮小していくこととされた。
　また、基準財政需要額の算定に使用される補正係数の1つである段階補正（団体の規模に応じた地方交付税の配分の調整）についても見直しを図るべきとされた。

地方交付税の算定方式については、できるだけ客観的かつ単純な基準で交付額を決定するような簡素な仕組みにしていくべきとされた。

2　基本方針 2002

　地方行財政改革については、これを強力一体的に推進する必要がある。まず、国の関与を縮小し、地方の権限と責任を大幅に拡充する。福祉、教育、社会資本などを含めた国庫補助負担事業の廃止・縮減について、年内を目途に結論を出す。

　国庫補助負担金、地方交付税、税源移譲を含む税源配分のあり方を三位一体で検討し、それらの望ましい姿とそこに至る具体的な改革工程を含む改革案を、今後一年以内を目途にとりまとめる。

　この改革案においては、国庫補助負担金について、「改革と展望」の期間中に、数兆円規模の削減を目指す。同時に地方交付税の改革を行う。9割以上の自治体が交付団体となっている現状を大胆に是正していく必要がある。

　他方、地方公共団体間の財政力格差を是正することはなお必要であり、それをどの程度、また、どのように行うかについて議論を進め、上記の改革案に盛り込む。

3　基本方針 2003

　三位一体の改革の具体的な改革工程として、
① 　国の歳出の徹底的な見直しと歩調を合わせつつ、「改革と展望」の期間中に、以下のような措置等により、地方財政計画の歳出を徹底的に見直す。これにより、地方交付税総額を抑制し、財源保障機能を縮小していく。

- ・ 国庫補助負担金の廃止、縮減による補助事業の抑制
- ・ 地方財政計画計上人員を4万人以上純減
- ・ 投資的経費（単独）を平成2～3年度の水準を目安に抑制
- ・ 一般行政経費等（単独）を現在の水準以下に抑制

② 国の関与の廃止・縮小に対応した地方交付税の算定方法の簡素化及び段階補正の見直しをさらに進めていく。また、基準財政需要額に対する地方債元利償還金の後年度算入措置を各事業の性格に応じて見直す。同時に、地方債に対する市場の評価がより機能するように取り組んでいく。

4 基本方針 2004

地方が自らの支出を自らの権限、責任、財源で賄う割合を増やすとともに、国と地方を通じた簡素で効率的な行財政システムの構築につながるよう、平成18年度までの三位一体の改革の全体像を平成16年秋に明らかにし、年内に決定する。

全体像には、平成17年度及び平成18年度に行う3兆円程度の国庫補助負担金改革の工程表、税源移譲の内容及び地方交付税改革の方向を一体的に盛り込む。そのため、税源移譲は概ね3兆円規模を目指す。

税源移譲については、三位一体改革の一環として、平成18年度までに、所得税から個人住民税への本格的な税源移譲を実施する。その際、応益性や偏在度の縮小といった観点を踏まえ、個人住民税所得割の税率をフラット化する方向で検討を行う。

地方交付税については、地方公共団体の改革意欲を削がないよう、国の歳出の見直しと歩調を合わせて、地方の歳出を見直し、抑制する。一方、地域において必要な行政課題に対しては、適切に財源措置を行う。これらにより、地方公共団体の安定的な財政運営に必要な一般財源の総額を確保

する。また、地方公共団体の効率的な行財政運営を促進するよう、地方交付税の算定の見直しを検討する。

5　基本方針 2005

　平成 18 年度までに三位一体の改革を確実に実現するため、経済財政諮問会議において、進捗状況をフォローアップする。
　税源移譲は概ね 3 兆円規模を目指す。
　国庫補助負担金改革について残された課題については、平成 17 年秋までに結論を得る。
　税源移譲については、平成 18 年度税制改正において、所得税から個人住民税への税源移譲を実施する。その際、個人住民税所得割の税率をフラット化することを基本とする。
　地方交付税については、国の歳出の見直しと歩調を合わせて、地方歳出を見直し、抑制する等の改革を行う。また、税源移譲に伴う財政力格差が拡大しないよう、適切に対応する。また、地方交付税の算定方法の簡素化、透明化に取り組む。

6　三位一体の改革の成果

　三位一体の改革については、平成 17 年 11 月 30 日の政府与党合意により、平成 18 年度までに次のような成果が出された。
　① 　国庫補助負担金改革については、平成 16 年度から平成 18 年度までの累計として、約 4.7 兆円の改革が達成された。
　② 　税源移譲については、この国庫補助負担金改革の結果を踏まえて、約 3 兆円規模の税源移譲が行われた。この税源移譲は、平成 18 年度税制改正において、所得税から個人住民税へ税源移譲する形で実施さ

れ、個人住民税所得割の税率は 10％（道府県民税 4 ％・市町村民税 6 ％）の比例税率とされた。この税制改正は、平成 19 年分の所得税及び平成 19 年度分の個人住民税から適用されている。（なお、平成 18 年度は、暫定措置として、この税源移譲額の全額が所得譲与税によって措置された。）

③　地方交付税改革については、地方交付税及び臨時財政対策債の総額が、約 5.1 兆円のマイナスとされ、大幅に抑制された。また、補正係数を大幅に減らしたり、事業費補正についても大幅に縮減された。その他、「行政改革インセンティブ算定」が創設され、歳出効率化努力や徴収率向上努力に応じた算定が算入されることになった。また、不交付団体が人口割合（市町村）で平成 12 年度の 11.5％から平成 18 年度の 25.9％に増加した。

第3節　地方六団体による税財政に関する提言

　地方六団体は、平成 18 年 6 月に、「地方分権の推進に関する意見書—地方財政自立のための 7 つの提言—」を政府に提出したが、そのうちの税財政についての提言内容を紹介する。

1　地方税の充実強化が最重要課題

　歳出面では国の関与の廃止・縮減により地方の自由度を高めるとともに、歳入面では地方公共団体が自らの創意工夫と責任で政策を選択できるよう地方税中心の歳入体系を構築することを目指して、さらなる地方税財政制度の改革に取り組む必要がある。

　そのためには、

① 国と地方の最終支出の比率と租税収入の比率において生じている乖離を縮小し、地方が担う事務と責任に見合う国と地方の税源配分とする。
② 偏在性の少ない居住地課税である地方消費税と個人住民税の充実強化を図り、地方交付税に過度に依存せず、自分たちの税金で自主的な財政運営が可能な方向に向けて改善をしていく。
具体的には、
・消費税と地方消費税の割合を4対1から2.5対2.5にする。
・所得税から住民税へ税源移譲し、個人住民税所得割をさらに3％上乗せする。
③ これらにより、まずは国税と地方税の税源配分を5対5とする。

2 税源移譲に対応して国庫補助負担金を廃止

① 国から地方への税源移譲に対応する国の財源については、これまでに提案されている様々な国庫補助負担金等に関する改革案を着実に実施し、国庫補助負担金を廃止（一般財源化）することや事務事業を廃止することなどにより、国の責任によって措置すべきである。
② 国庫補助負担金改革に当たっては、地方分権の理念に沿って、国と地方の役割分担を再整理し、明確化した上で、生活保護費等真に国が責任をもって負担すべき分野を除き、原則として廃止（一般財源化）する。
　当面、国庫補助負担金の総件数の半分を廃止（一般財源化）する。
③ 国庫補助負担金の削減は、財政面における地方の自由度を高めるために、補助負担率を引き下げるのではなく、国庫補助負担金そのものを廃止（一般財源化）する。
④ 国庫補助負担金の廃止を行う一方で、従前の国庫補助負担金と同一

又は類似の目的、内容を有する国庫補助負担金、交付金、統合補助金を創設すべきではない。
⑤　国直轄事業負担金については、地方公共団体に対して個別に財政負担を課する極めて不合理なものであることから、これを廃止する。特に、維持管理費に係る国直轄事業負担金は、本来、管理主体が負担すべきことから、早急にこれを廃止する。

第6章 岡山市が指定都市に移行したことに伴う税財政上の影響額

第1節　岡山市の平成21年度当初予算（指定都市元年当初予算）の状況

　岡山市は、それまで中核市であったが、平成21年4月1日から指定都市に移行した。そこで、平成20年度の予算と平成21年度の予算では歳入歳出予算の編成状況がかなり変わる。

　岡山市の広報紙である「市民のひろば　おかやま」2009年4月号に、指定都市となった岡山市の平成21年度当初予算が掲載されている。

　それによると、平成21年度当初予算は、

　総　　額…4,787億円（対前年度比11.1%増）

　一般会計…2,282億円（同2.9%増）

　特別会計…2,162億円（同25.6%増）

　事業会計… 343億円（同7.2%増）

である。

　一般会計予算額と実質ベースの対前年度比較は、表6-1のとおりである。

　平成21年度の一般会計の予算額は2,282億円で、平成20年度当初予算額と比較すると64億円の増額（2.9%増）であるが、都市緑化フェア関係経費や公的資金の補償金なしでの繰上償還の特別な要因を除き、平成21

年1月ベースでは、予算規模は5.3%増である。

　指定都市移行に伴う歳入及び歳出の具体的影響額は、表6-2及び表6-3のとおりである。

表6-1　平成21年度一般会計当初予算額の対前年度比較

区　分	H21年度 当初予算（ア）	H20年度 当初予算（イ）	増減額 （ア）－（イ）	増減率
一般会計予算額（A）	2,282億円	2,218億円	64億円	2.9%
H20年度1月補正予算額（B）	9億円	—	9億円	
緑化フェアや借換債などの特殊要因（C）	4億円	46億円	△42億円	—
実質ベース （A）＋（B）－（C）	2,287億円	2,172億円	115億円	5.3%

表6-2　指定都市移行に伴う歳入への影響額

区　分	平成21年度当初予算額
国・県支出金	33億円
地方交付税	40億円
地方債	56億円
その他（軽油引取税交付金・宝くじ事業収入など）	84億円
歳入合計	213億円

表6-3　指定都市以降に伴う歳出への影響額

区　分	平成21年度当初予算額
法令必須	128億円
法令任意	1億円
県単独事業	3億円
各行政区の運営経費	3億円
県債償還金	19億円
県事業負担金	△4億円
人件費	15億円
歳出合計	165億円

歳入については、法人市民税の減少などで市税は40億円減少するものの、軽油引取税交付金が53億円、地方交付税が40億円それぞれ増加し、結果として使途が特定されず自由に使える一般財源は60億円の増加となっている。

歳出については、国・県道に係る道路新設改良事業費等で42億円、国直轄事業負担金で37億円、児童相談所・一時保護所・児童保護費等で22億円それぞれ増加する。

指定都市移行による影響額は、歳入で213億円、歳出で165億円それぞれ増加し、その収支差は48億円と見込まれている。

第2節　指定都市移行に伴う普通交付税への影響

1　普通交付税の算定の仕組み

地方交付税は、国税5税（所得税、法人税、酒税、消費税、たばこ税）の一定割合とされている総額を、地方公共団体間の財源の不均衡を調整し、すべての地方公共団体が一定の水準の行政サービスを提供できるように、一定の合理的な基準によって再配分する機能をもっており、地方公共団体の一般財源とされている。

地方交付税は、交付税総額の94％が普通交付税とされ、これは財源不足団体に対し交付されるが、交付税総額の6％は特別交付税とされ、これは普通交付税で捕捉されない特別の財政需要に対し交付される。

各地方公共団体毎の普通交付税の額は、次の算式で計算される。

（基準財政需要額－基準財政収入額）＝各団体ごとの普通交付税額（財源不足額）

基準財政需要額とは、標準的な財政需要のことである。

基準財政収入額とは、標準的な財政収入のことである。

2　岡山市が指定都市へ移行したことに伴う普通交付税への影響額の総括

　前述したように、岡山市が中核市から指定都市へ移行したことに伴う普通交付税への影響額を総括すると、40億円の増額となるとしたが、その算式は、次のとおりである。

　　基準財政需要額 ……………………………………　＋ 10,217 百万円
　　基準財政収入額 ……………………………………　＋ 5,287 百万円
　　差引額 ………………………………………………　＋ 4,930 百万円
　　中核市合併算定替→指定都市一本算定による影響　－ 1,000 百万円
　　平成21年度当初予算の影響額 ……………………　＋ 4,000 百万円

　また、上記の算式について、基準財政需要額と基準財政収入額に分けてそれぞれの積上げの試算は表6-4及び表6-5のとおりである。

表6-4　基準財政需要額（平成20年度積算を基礎に、指定都市の係数に修正して試算）千円

経費の種類	測定単位	中核市 H20	指定都市 H20	影響額
消防費	人口	7,527,007	7,586,049	特別交付税で相殺
道路橋梁費	道路面積	2,035,522	3,880,304	1,844,782
	道路延長	8,710,714	12,272,866	3,562,152
その他土木費	人口	2,243,832	2,274,735	30,903
高等学校費	教職員数	56,942	411,231	354,289
	生徒数	68,295	79,678	11,383
その他の教育費	人口	3,622,554	3,708,538	85,984
社会福祉費	人口	12,179,669	13,216,689	1,037,020
保健衛生費	人口	5,568,124	6,164,505	596,381
高齢者保健福祉費	65歳以上人口	9,380,937	9,435,971	55,034
地域振興費	人口	6,960,919	9,600,351	2,639,432
個別算定経費計		58,354,515	68,630,917	10,217,360

＊一本算定で試算

表6-5 基準財政収入額　　　　　　　　　　　　千・円

収入の種類	税目・地方譲与税・交付金	中核市 H20	指定都市 H20	影響額
地方税	軽油引取税交付金		4,008,242	4,008,242
	自動車取得税交付金		208,654	208,654
地方譲与税	地方道路譲与税		705,774	705,774
	石油ガス譲与税		118,064	118,064
交付金	交通安全対策特別交付金		246,066	246,066
計		0	5,286,799	5,286,799

＊一本算定で試算

3　基準財政需要額の算定の仕組み

（1）基本的な算式

各地方公共団体の基準財政需要額は、当該地方公共団体の各算定項目ごとに次の算式で計算されたものの合計額である。

基準財政需要額＝単位費用×測定単位×補正係数

「単位費用」とは、各算定項目ごとの、測定単位1単位当たりの費用（単価）のことである。つまり、標準団体が「合理的、かつ、妥当な水準において地方行政を行う場合又は標準的な施設を維持する場合に要する経費を基準として」算定した金額のことである。

単位費用は、道府県分及び市町村分（指定都市分は市町村分の中に位置づけられている。）に分けて、各算定項目の各測定単位ごとに定められるが、市町村分の標準団体は、次の規模が想定されている。

　　人　口　　10万人
　　面　積　　160km²
　　世帯数　　3万9,000世帯

「測定単位」とは、人口、面積等のことである。各算定項目ごとに、国勢調査人口、道路の面積・延長、都市公園の面積、児童数、学級数、学校数、65歳以上人口、農家数等が法定されている。

「補正係数」とは、実際の各地方公共団体の測定単位当たりの行政経費は、各地方公共団体の人口規模、人口密度、都市化の程度、気象条件等自然的・社会的条件の違いによって大きな差があるので、これらの行政経費の差を反映させるため、その差の生ずる理由ごとに測定単位の数値を割増し又は割落ししている。これが測定単位の数値の補正であり、補正に用いる乗率を補正係数という。

具体的な補正の種類は次のとおりである。
① 種別補正：測定単位に種別があり、種別ごとに単位当たり費用に差があるものについて、その種別ごとの単位当たり費用の差に応じ当該測定単位の数値を補正するもの。
② 段階補正：人口なり面積なり、地方公共団体の測定単位が増加するに従い、行政経費は増加するが、例えば、人口（測定単位）が2倍になったからといって、経費が2倍になるとは限らない。一般的に「規模の経済」、いわゆるスケールメリットが働き、規模が大きくなるほど、測定単位当たりの経費は割安になる傾向がある。この経費の差を反映させているのが段階補正である。
③ 密度補正：人口密度等の大小に応じて、行政経費が割高、割安になる状況を反映させるための補正。人口規模が同じであっても、人口密度が希薄になるに従い（面積が大きくなるに従い）、交通などの関係で行政経費が割高になる。また、道路の面積当たりの自動車交通量の多少（これが密度）で、道路の維持補修費が逓減又は逓増する。
④ 態容補正：地方公共団体の都市化の程度、法令上の行政権能、公共

施設の整備状況等、地方公共団体の「態容」に応じて、当該行政に要する経費の測定単位当たりの額が割高又は割安となるものについての補正である。
⑤ 寒冷補正：寒冷・積雪地域における特別の増加経費を算定するもの。
⑥ 合併補正：平成17年4月1日以降に合併した市町村に対して適用されるもの。合併直後に必要となる行政の一体化に要する経費及び行政水準・住民負担水準の格差是正に要する経費及び合併により臨時的に増加する経費等を割増算入するための補正である。
⑦ その他の補正：人口急増補正、人口急減補正、財政力補正等

（2）指定都市移行に最も関係する普通態容補正

指定都市への移行に伴う財政需要の増大を、基準財政需要額の算定に反映するため様々な補正がなされているが、そのうち一番重要な「態容補正」について述べる。

1）態容補正の意義

上記のように、態容補正は、地方公共団体、特に市町村の「態容」即ち人口規模や都市化の程度等に応じて行政経費が割高又は割安となる経費に適用される。

行政経費が割高又は割安となる要因としては、市町村の態容によって行政の質や量に差が生じ、あるいは市町村の行政権能に差があることが挙げられる。

態容補正は、昭和24年のシャウプ勧告により創設された地方財政平衡交付金制度創設当初から適用されていた補正であるが、基準財政需要額の算定における影響度合いは逐年高くなり、今日では団体間の基準財政需要額の格差をもたらす最大の補正項目となっている。

また、大都市と中小都市、都市と農山漁村との間の行政質量の差を算定する補正であり、地方公共団体相互間の財源調整に直接関わる補正であるので、各補正項目の中で最も重要な役割を果たしている。
　2）態容補正の体系
　態容補正は次のような種類の補正から成り立っている。
　① 普通態容補正
　　（ⅰ）行政の質量差による財政需要の差を見るもの
　　　ア　都市的形態の程度の差による財政需要の差を見るもの
　　　イ　遠隔の度合いによる財政需要の差を見るもの
　　　ウ　農業地域、林業等地域としての特化の程度の差による財政需要の差を見るもの
　　（ⅱ）行政権能の差による財政需要の差を見るもの
　② 経常態容補正
　③ 投資態容補正
　これらの補正のうち市町村の態容（都市化の程度）に応じて経費の割増し又は割落としを行うのが普通態容補正である。

（3）普通態容補正の算定の仕組みと算定例

　普通態容補正は、地域手当の「給地」区分による算定分と「種地」区分による算定分の和によるものであり、それぞれ指定都市への移行前後によって差のある算定項目と差のない算定項目とがある。以下においては、差のあるもののみを取り上げる。
　1）地域手当の給地区分による算定分
　地域手当の「給地」区分による算定分について、指定都市への移行前後において普通態容補正係数に差が設けられている。
　地域手当の「級地」は1級地から6級地及び無級地に分かれており、またそれぞれの「級地」において1つないし4つの区分に分かれている。

このうち、岡山市は、6級地の2区分とされている。

岡山市は、指定都市移行前は中核市であったが、中核市と指定都市とで、地域手当の「級地」区分による算定分で補正係数に差があるのは、表6-6の算定費目である。

表6-6 地域手当の級地区分による算定分で大都市と中核市等で差のある費目

その他の土木費	指定都市・宅造あり	0.708
	中核市・宅造あり	0.692
その他の教育費（人口）	指定都市	0.731
	中核市	0.714
社会福祉費（人口）	指定都市	0.181
	中核市	0.166
保健衛生費（人口）	指定都市	0.708
	中核市	0.625
高齢者保健福祉費（65歳以上人口）	指定都市	0.177
	中核市	0.176
商工行政費（人口）	計量市・中小企業支援都市	0.571
	計量市のみ	0.537

2）種地区分による算定分

次に、市町村の都市化の程度の差を反映させるための補正（「種地」区分による普通態容補正）について述べる。

普通態容補正のうちでは、市町村の都市化の程度に応じて経費の割増し又は割落としを行う補正が最も重要である。

つまり、市町村の財政需要は、経常的経費についても、投資的経費についても一般に市町村の都市化が進むにつれて増大する傾向がある。

消防行政費、都市計画費、保健衛生費等において、その傾向が最も顕著である。

そこで、市町村をその都市化の程度に応じて区分し、その区分に対応す

る行政の質や量を係数化して補正を行うこととしている。
　この市町村の区分を「種地」と呼んでいる。
　補正適用の前提として市町村をその都市化の程度に応じて区分けする必要がある。これが「種地」区分であるが、「種地」区分をどのように行うかは、大変重要である。
　現行制度では、全市町村を地域の中核都市としての性格を有する「Ⅰの地域」とそれ以外の市町村としての「Ⅱの地域」に大別し、それぞれについて都市化の程度に応じて1種地から10種地にランクづけをしている。
　このランクづけを行うに当たっては、Ⅰの地域、Ⅱの地域それぞれの市町村の性格にマッチし、財政需要の差を的確に表現できる指標を選択することにしていて、
　Ⅰの地域については（平成11年度の場合）、
　　（ⅰ）　人口集中地区人口
　　（ⅱ）　経済構造（総就業者数中に占める第二次、第三次就業者数の割合）
　　（ⅲ）　宅地平均価格指数（その市町村の宅地平均価格を全国平均の宅地平均価格で除して得た率）
　　（ⅳ）　昼間流入人口
を指標とし、各指標ごとの評点配分を、人口集中地区人口600点、経済構造50点、宅地平均価格指数50点、昼間流入人口300点とし、その合計評点数が、表6-7の区分によって1種地から10種地に分かれている。
　種地区分による普通態容補正の係数は、種地ごとの市町村の行政内容を基礎として積算した経費に基づいて割増し又は割落としの率を定めているが、内容的には、全費目に共通して適用される共通係数と各費目の特性に応じて適用される個別係数とからなる。
　共通係数は、種地別の給与の差を見るものであって、現在は調整手当、通勤手当及び住居手当についての地域差のみを見ている。具体的な係数

表 6-7　種地区分別の評点数

950 点以上	10 種地
900 点以上 950 点未満	9 種地
850 点以上 900 点未満	8 種地
750 点以上 850 点未満	7 種地
650 点以上 750 点未満	6 種地
550 点以上 650 点未満	5 種地
450 点以上 550 点未満	4 種地
350 点以上 450 点未満	3 種地
200 点以上 350 点未満	2 種地
200 点未満の市、人口集中地区を有する町村及び広域市町村圏中核町村	1 種地

は、種地別の市町村のこれら手当の支給額について給与実態調査（指定統計）の結果を用いてその平均値によって算定している。

　個別係数は、各行政費目ごとの特性に応じて、市町村の都市化の程度の差に応ずる行政の質及び量の差を基準財政需要額の算定に反映するように定められている。個別係数の基礎となった行政水準の差の内容は、消防費については、消防力の水準差、出動回数の差等、道路橋梁費については、原材料の単価差、舗装の程度差等、都市計画費（投資的経費）については、事業の必要量の差、公園費（投資的経費）については、事業の必要量の差等である。

　なお、種地区分に係る普通態容補正係数の算定方法としては、評点が1点足りないために1種地下にランクづけされ、その結果、基準財政需要額が何億円も少なく計算されたり、反対に1点増えたために1種地上にランクされ、その結果、基準財政需要額が著しく増加するといったケースが生じることを避けるため、積地ごとにその基準点における係数を定め、個々の団体について種地決定の基準となった評点の多少に応じて割増しを行うこととしている（態容補正係数の連続化）。

即ち、各費目の「種地」ごとの係数は、それぞれの「種地」の基準点（最低評点）に対応するものとして定められており、個々の団体の補正係数は、その「種地」の最高評点の団体の係数が一種地上位の基準点の係数と同一となるように、

$$\gamma = 基準点における係数 + （その団体の評点 - 基準点）\times x$$

の一次式で算定されている。

例えば、各種地の基準評点が、5種地550点、6種地650点、7種地750点となっており、それに対応するそれぞれの係数が、5種地1.1、6種地1.3、7種地1.5となるような一次式があるとする。

そこで、A市の評点を625点、B市の評点を675点、C市の評点を725点とすると、それぞれの市の補正係数は、次のように算定される。

A市の補正係数（A）＝ 1.1 ＋（625 − 550）× x
この場合　x ＝（1.3 − 1.1）／（650 − 550）＝ 0.002

3）行政権能差による算定分

また、市町村は、人口100万人を超す指定都市から人口1,000人に満たない村までであり、地方自治法上は同じく「市町村」として扱われているが、その行政処理能力には著しい差がある。そこで、現行法令では、地方自治法をはじめとして、地域保健法、建築基準法等多くの法令において、市町村の規模等によってその行政権能に差を設けているものが少なくない。

このような法令の規定に基づく市町村の行政権能の差に基づく財政需要の差を基準財政需要額の算定に反映させようとするのが行政権能差による態容補正である。

行政権能差による態容補正係数は、種地区分による態容補正係数を定める際、行政権能差による増加財政需要に見合う分だけ補正率を上乗せする方法をとっているものと、行政権能の異なる市町村ごとに別個に態容補正

係数を定めているものとがある。

4）岡山市について「道路橋梁費」に適用される普通態容補正の一次式

以上は一般論であるが、次に、「種地」区分による普通態容補正係数の算定分（平成20年度）を、「道路橋梁費」の中の「道路の面積」を例にして示し、岡山市が指定都市に移行したことに伴う影響を見る。

表6-8　道路橋梁費に係る普通態容補正の一次式

	道路橋梁費（算定項目）	
	道路の面積（測定単位）	
Ⅰ-10	a	0.001760x + 0.0980
	b	0.001800x + △0.0700
Ⅰ-9		0.002920x + △1.1340
Ⅰ-8		0.003620x + △1.7640
		(1.381)
Ⅰ-7	a	0.002890x + △1.1435
	b	0.001940x + △0.6110
Ⅰ-6	a	0.001750x + △0.2885
	b	0.000990x + 0.1015
Ⅰ-5		0.000390x + 0.4915
Ⅰ-4		0.000170x + 0.6125
Ⅰ-3		0.000130x + 0.6305
Ⅰ-2		0.000067x + 0.6526
Ⅰ-1		0.000080x + 0.6500
備考	1. xは、市町村の評点である。 2. Ⅰ種地のa、bについては、以下の団体を除きbとする。 　　Ⅰ-10a　特別区 　　Ⅰ-7a　静岡市 　　　　　堺市 　　　　　新潟市 　　Ⅰ-6a　浜松市 3. Ⅰ-8のうち（　）内の係数は札幌市に適用する。	

岡山市の種地は、Ⅰ-7であり、評点は、753点である。

岡山市が指定都市へ移行前は、Ⅰ-7のb式が適用されていたが、指定

都市移行後は、静岡市、堺市及び新潟市並みのⅠ－7のa式が適用されると考えられるので、上記の道路橋梁費の中の道路面積に係る補正係数、即ち割増率は大きくなる。

このように、指定都市への移行に伴い、「種地」区分による算定分について補正係数が大きくなる算定項目は、その他に、「都市計画費（都市計画人口）」「その他の土木費」「その他の教育費（人口）」「社会福祉費（人口）」「保健衛生費（人口）」「高齢者保健福祉費（65歳以上人口）」「地域振興費（人口・普通態容補正Ⅰ）」「地域振興費（人口・普通態容補正Ⅱ）」が挙げられる。

5）岡山市について「消防費」を例にした普通交付税額の影響額

普通交付税額の算定については、該当する数字を当てはめて計算する資料が国から各地方公共団体に配布されている。その資料によって、岡山市が指定都市に移行した場合に、普通交付税の基準財政需要額の算定項目の中の「消防費」がどのように増加するかについて計算してみることにする。

まず、「一本算定」で「消防費」を算定すると、次のような計算になる。（なお、「一本算定」とは、次の意味である。すなわち、岡山市は中核市のときに、灘崎町、御津町、建部町及び瀬戸町の4町と合併した。基準財政需要額の計算の際、中核市としての岡山市の市域がこれら4町を加えた市域であるとして計算することを「一本算定」という。これに対して、4町がそれぞれ独立していたとしてそれぞれの町の基準財政需要額を計算してその合計額を合併前の岡山市の基準財政需要額に加えて計算することを「合併算定替」という。この場合、「合併算定替」の方が「一本算定」よりも数値が大きくなる。しかしながら、指定都市移行後は、指定都市は県から多くの事務・事業を引き継ぐことになるため、基準財政需要額を計算すると、「一本算定」の方が「合併算定替」よりも数値が大きくなるので、指定都市移行後は、岡山市の基準財政需要額は「一本算定」で計算することになる。）

「消防費」の単位費用は、1万600円である。

「消防費」の測定単位は、人口である。平成17年の岡山市の国勢調査人口は、69万6,172人である。

「消防費」に係る補正係数がいくらになるかを計算する。

① 「段階補正」は、人口の大きさによる段階ごとに算式が示されている。岡山市は、40万人超100万人以下の区分に属する。そこで、

696,172 × 0.75 = 522,129

522,129 + 23,500 = 545,629

「段階補正」は、545,629 ÷ 696,172 = 0.784 となる。

② 「密度補正Ⅰ」は、人口密度を利用する。岡山市の人口密度は、平成17年国勢調査人口÷面積789.91㎞ = 696,172 ÷ 789.91 = 881人である。

「密度補正Ⅰ」は、人口密度の大きさによる段階ごとに算式が示されている。岡山市は、200人以上の区分に属する。そこで、

881 × 1.00 = 881

881 + 0 = 881

「密度補正Ⅰ」は、881 ÷ 881 = 1.000

③ 「態容補正」は、地域手当の級地区分による算定分として6級地2区分の数値を記入し計算すると0.811

種地区分による算定分として、Ⅰ級地7種地の算式、つまり、0.000470x + 0.1365（xは岡山市の評点である753点）を使用して計算すると、1.301

岡山市は、消防組織法9条に規定される消防本部及び消防署を置き、消防活動を開始している市町村であるので、「態容補正」は1.301

（なお、「密度補正Ⅱ」は区域指定がないので、0.000、また、「事業費補正－1」は施設整備事業債に係る地方債発行額はないので、0.000）

最終補正係数は、段階補正×密度補正Ⅰ×態容補正とされているので、

最終補正係数＝　①　×　②　×　③

$$= 0.784 \times 1.000 \times 1.301$$
$$= 1.020$$

補正後の測定単位の数値＝測定単位 696,192 ×最終補正係数 1.020
$$= 710,095 \text{ 人}$$

そこで、基準財政需要額は、次のように割増しされることになる。

基準財政需要額＝単位費用 10,600 円×補正後の測定単位の数値 710,095
$$= 7,527,007 \text{ 千円}$$

ここまでの計算は、中核市のときと指定都市移行後では変わらない。

指定都市移行によって割増しされるのは、指定都市が所有する消防ヘリコプターに係る経費が基準財政需要額に算入される点であり、その場合、1 機当たりの係数は 0.01 である。

これは、上記の「態容補正」の 1.301 に加算されるため、中核市ベースでは 1.301 であるが指定都市になると 1.311 になり、最終補正係数が 1.020 が 1.028 に、補正後の測定単位の数値が 715,665 に、基準財政需要額が 7,586,049 千円になる。

そこで、指定都市移行による「消防費」に係る基準財政需要額の増加額は、7,586,049 － 7,527,007 ＝ 59,042 千円となる。

（4）岡山市について指定都市移行に伴う各算定費目の基準財政需要額への影響額の総括表

岡山市が中核市から指定都市へ移行したことに伴い各種の補正係数が適用されることによって、各算定費目ごとの基準財政需要額がどの程度割増しされるのかを一覧表で示すと、以下の表のとおりである。

表6-9　消防費

		中核市	指定都市	数値差異	備考
基礎数値	人口	696,172人	696,172人	0	
段階補正	人口による補正	0.784　①	0.784　①	0.00	
密度補正Ⅰ	人口密度による補正	1.000　②	1.000　②	0.00	
態容様正	地域手当級地区分	1.301　③	1.311　③	0.01	消防ヘリに係る補正係数
最終補正係数	①×②×③	1.020　④	1.028　④	0.01	中核市では特別交付税措置
補正後の数値	④×基礎数値	710,095　⑤	715,665　⑤	5,570	
需要額	⑤×単位費用（10,600円）	7,527,007千円	7,586,049千円	59,042千円	

表6-10　道路橋梁費（面積）

		中核市	指定都市	数値差異	備考
基礎数値	道路の面積	24,304千㎡	31,854千㎡	7,550千㎡	権限移譲に伴う国・県道の面積
種別補正	道路種別	22,145　①	36,340　①	14,195	権限移譲に伴う国・県道の面積増に伴う増加
普通態容補正	地域手当給地区分	1.132　②	1.315　②	0.183	中核市→指定都市の係数増
最終補正係数	②	1.132　③	1.315　③	0.183	
補正後の数値	③×基礎数値	25,068　④	47,787　④	22,719	
需要額	④×単位費用（81,200円）	2,035,522千円	3,880,304千円	1,844,782千円	

第6章　岡山市が指定都市に移行したことに伴う税財政上の影響額　105

表6-11　道路橋梁費（延長）

		中核市		指定都市		数値差異	備考
基礎数値	道路の延長	5,212km		5,916 km		704 km	権限移譲に伴う国・県道の延長
投資補正Ⅰ	道路延長	1.163	①	1.827	①	0.664	権限移譲に伴う国・県道の延長増に伴う増加
投資補正Ⅱ	人口集中地区人口他	△0.031	②	△0.016	②	0.015	指定都市移行に伴う単価増による増
普通態容補正	種地区分	2.851	③	2.851	③	0.000	
事業費補正	各年度起債発行の係数	3.094	④	2.725	④	△0.369	投資補正Ⅱの係数増加による減少
連乗補正係数	①×③	3.316	⑤	5.209	⑤	1.893	
最終補正係数	②+④+⑤	6.379	⑥	7.918	⑥	1.539	
補正後の数値	⑥×基礎数値	33,247	⑦	46,843	⑦	13,596	
需要額	⑦×単位費用（262,000円）	8,710,714千円		12,272,866千円		3,562,152千円	

表6-12　その他土木費

		中核市		指定都市		数値差異	備考
基礎数値	人口	696,172人		696,172人		0人	
段階補正	人口による補正	0.745	①	0.745	①	0.000	
態容補正	地域手当級地区分	1.334	②	1.365	②	0.031	指定都市移行に伴う係数の増加
密度補正	公営住宅家賃対策	△0.171	③	△0.171	③	0.000	
事業費補正	各年度起債発行の係数	0.847	④	0.847	④	0.000	
連乗補正係数	①×②	0.994	⑤	1.017	⑤	0.023	
最終補正係数	③+④+⑤	1.670	⑥	1.693	⑥	0.023	
補正後の数値	⑥×基礎数値	1,162,607	⑦	1,178,619	⑦	16,012	
需要額	⑦×単位費用（1,930円）	2,243,832千円		2,274,735千円		30,903千円	

表6-13 高等学校費（教職員）

		中核市	指定都市	数値差異	備考
基礎数値	教職員数	8人	47人	39人	権限移譲による教職員数の増加
種別補正	全日制・定時制区分	7.68 ①	55.46 ①	47.78	
態容補正	地域手当級地区分	1.021 ②	1.021 ②	0.000	
最終補正係数	②	1.021 ③	1.021 ③	0.000	
補正後の数値	③×基礎数値	7.84 ④	56.62 ④	48.78	
需要額	④×単位費用（7,263,000円）	56,942千円	411,231千円	354,289千円	

表6-14 高等学校費（生徒）

		中核市	指定都市	数値差異	備考
基礎数値	生徒数	491人	491人	0人	
種別補正	全日制・定時制等区分	938 ①	1095 ①	157	指定都市移行に伴う係数の増加
態容補正	地域手当級地区分	1.004 ②	1.004 ②	0	
連乗補正係数	②	1.004 ③	1.004 ③	0	
最終補正係数	②	1.004 ④	1.004 ④	0	
補正後の数値	④×基礎数値	942 ⑤	1.099 ⑤	157	
需要額	⑤×単位費用（72,500円）	68,295千円	79,678千円	11,383千円	

第6章 岡山市が指定都市に移行したことに伴う税財政上の影響額　107

表6-15　その他教育費

		中核市	指定都市	数値差異	備考
基礎数値	人口	696,172人	696,172人	0人	
段階補正	人口による補正	0.741　①	0.741　①	0.000	
密度補正Ⅰ	人口密度による補正	1.000　②	1.000　②	0.000	
態容補正	地域手当級地区分他	1.308　③	1.339　③	0.031	指定都市移行に伴う係数の増加
事業費補正	各年度起債発行の係数	0.000　④	0.000　④	0.000	
連乗補正係数	①×②×③	0.969　⑤	0.992　⑤	0.023	
最終補正係数	④+⑤	0.969　⑥	0.992　⑥	0.023	
補正後の数値	⑥×基礎数値	674,591　⑦	690,603　⑦	16,012	
需要額	⑦×単位費用(5,370円)	3,62,2554千円	3,708,538千円	85,984千円	

表6-16　社会福祉費

		中核市	指定都市	数値差異	備考
基礎数値	人口	696,172人	696,172人	0人	
段階補正	人口による補正	0.880　①	0.880　①	0.000	
態容補正	地域手当級地区分	1.215　②	1.326　②	0.111	指定都市移行に伴う係数の増加
密度補正	保育所支弁額他	0.074　③	0.074　③	0.000	
経常態様補正	出生者数他	0.008　④	0.008　④	0.000	
連乗補正係数	①×②	1.069　⑤	1.167　⑤	0.098	
最終補正係数	③+④+⑤	1.151　⑥	1.249　⑥	0.098	
補正後の数値	⑥×基礎数値	801,294　⑦	869,519　⑦	68,225	
需要額	⑦×単位費用(15,200円)	12,179,669千円	13,21,6689千円	1,037,020千円	

表6-17 保健衛生費

		中核市	指定都市	数値差異	備考
基礎数値	人口	696,172人	696,172人	0人	
段階補正	人口による補正	0.882 ①	0.882 ①	0.000	
態容補正	地域手当級地区分	1.805 ②	2.044 ②	0.239	指定都市移行に伴う係数の増加
密度補正Ⅰ	水源開発・病院事業債他	0.326 ③	0.326 ③	0.000	
密度補正Ⅱ	国民健康保険軽減世帯数他	0.052 ④	0.052 ④	0.000	
連乗補正係数	①×②	1.592 ⑤	1.803 ⑤	0.211	
最終補正係数	③+④+⑤	1.970 ⑥	2.181 ⑥	0.211	
補正後の数値	⑥×基礎数値	1,371,459 ⑦	1,518,351 ⑦	146,892	
需要額	⑦×単位費用（4,060円）	5,568,124千円	6,164,505千円	596,381千円	

表6-18 高齢者福祉費

		中核市	指定都市	数値差異	備考
基礎数値	65歳以上人口	132,262人	132,262人	0人	
段階補正	65歳以上人口による補正	0.836 ①	0.836 ①	0.000	
態容補正	地域手当級地区分	1.123 ②	1.130 ②	0.007	指定都市移行に伴う係数の増加
密度補正	養護老人ホーム措置人数	0.080 ③	0.080 ③	0.000	
数値急増補正	H20とH18との比較係数	0.003 ④	0.003 ④	0.000	
連乗補正係数	①×②	0.939 ⑤	0.945 ⑤	0.006	
最終補正係数	③+④+⑤	1.022 ⑥	1.028 ⑥	0.006	
補正後の数値	⑤×基礎数値	135,172 ⑦	135,965 ⑦	793	
需要額	⑥×単位費用（69,400円）	9,380,937千円	9,435,971千円	55,034千円	

第6章 岡山市が指定都市に移行したことに伴う税財政上の影響額　109

表6-19　地域振興費（人口）

		中核市	指定都市	数値差異	備考
基礎数値	人口	696,172人	696,172人	0人	
段階補正	人口による補正	0.711　①	0.711　①	0.000	
普通態容補正Ⅰ	地域手当級地区分	3.049　②	6.159　②	3.110	指定都市移行に伴う係数の増加
普通態容補正Ⅱ	種地区分	0.328　③	0.333　③	0.005	指定都市移行に伴う係数の増加
普通態容補正Ⅲ	隔遠地補正	0.001　④	0.001　④	0.000	
経常態容補正Ⅰ	H18とH15の経費比較他	0.295　⑤	0.295　⑤	0.000	
経常態容補正Ⅱ	製造品出荷額他	0.019　⑥	0.019　⑥	0.000	
密度補正Ⅰ	自衛隊供用面積他	0.001　⑦	0.001　⑦	0.000	
密度補正Ⅱ	児童手当対象児童数他	0.050　⑧	0.050　⑧	0.000	
密度補正Ⅲ	外国青年招致人員数	0.043　⑨	0.043　⑨	0.000	
合併補正	市町村合併による係数	0.451　⑩	0.451　⑩	0.000	
投資補正係数	航空機燃料による係数	1.096　⑪	1.096　⑪	0.000	
事業費補正	各年度起債発行の係数	1.010　⑫	1.010　⑫	0.000	
連乗補正係数	①×②×0.8955	1.941　⑬	3.921　⑬	1.980	
最終補正係数	③+④+⑤+⑥+⑦+⑧+⑨+⑩+⑪+⑫+⑬	5.235　⑭	7.220　⑭	1.985	
補正後の数値	⑭×基礎数値	3,644,460　⑮	5,026,362　⑮	1,381,902	
需要額	⑮×単位費用(1,910円)	6,960,919千円	9,600,351千円	2,639,432千円	

4　基準財政収入額の算定の仕組み

(1) 基準財政収入額の意義

　基準財政収入額とは、各地方公共団体毎の標準的な財政収入のことであるが、各地方公共団体の財政力を合理的に測定するために、基準財政需要額を算定する場合と同様に、基準財政収入額の算定も客観的かつ合理的に算定されなければならない。地方交付税法では、「標準的な一般財源としての基準財政収入額」が合理的に算定されるように、その基本的事項が定められている。

　算式で示すと、

　標準的な地方税収入×75/100＋地方譲与税等

とされている。

　この算式のうち、75/100は、算入率ないし基準税率と呼ばれている。

　即ち、基準財政収入額のうち、地方税（これに相当するものを含む。）に関する部分については、標準税率（標準税率の定めのない税目は、地方税法に定める率）に算入率を乗じて算定している（地方公共団体が超過税率又は軽減税率を採用している場合であっても、標準税率を用いて算定する）。

　算入率を用いるのは、地方公共団体の自主性、独立性を保障し、自主財源である地方税の税源涵養に対する意欲を失わせないようにするためである。

　即ち、標準的な税収入の全額を算入せずに、その75％の額とする理由は、

　①　どのように綿密な算定技術を用いたとしても、個性のある各地方公共団体のあるべき財政需要を一定の尺度で100％完全に捕捉することは不可能であり、したがって、その団体に固有な財政需要に充てるべ

き財源として、税収入の25％は別にしておく必要があること
② もし税収入を100％算入することとすれば、各団体における税源確保のための努力が無用になり、財政運営の自立性を阻害すること
がその理由になっている。

この税収入の25％の部分は、「留保財源」又は「自由財源」と呼ばれており、税収入の多い団体ほどこの留保財源として基準財政収入額の算定対象外となる部分が大きく、したがって、税収入及び地方交付税収入を合わせた一般財源額が相対的に大きくなる。

また、基準財政収入額のうち地方譲与税及び一定の交付金については、その全額が基準財政収入額に算入されるが、これは、これらの収入額が地方公共団体の税源確保のための努力と関係なく、国の定める基準によって交付されるという性質を考慮したものである。

そのうえ、基準財政収入額の算定に当たっては、標準税率の75％を乗ずるとともに、この率にさらに、捕捉徴収率として0.98を乗じて計算することとされている。

（2）基準財政収入額の対象税目等

基準財政収入額の算入の対象となるのは、法定普通税を主体とした標準的な地方税収入であるが、市町村（指定都市を含む）について、基準財政収入額の算入対象になるものと算入対象外のものを一覧表にすると、表6-20のとおりである。

次に、上記の算入対象とされている市町村の税収入等のうち、算入率が、75％と100％を区分すると、表6-21のとおりである。

つまり、指定都市の基準財政収入額の計算に当たっては、法定外税は算定の対象外とされるのであるが、算入率が75％とされる税源等は、普通税、事業所税、利子割交付金、配当割交付金、株式等譲渡所得割交付金、地方消費税交付金、ゴルフ場利用税交付金、自動車取得税交付金、軽油引

取税交付金及び国有資産等所在市町村交付金である。しかしながら、各種地方譲与税と交通安全対策特別交付金については、算入率が100％であるので、指定都市になって中核市当時よりも配分割合が増えたからといって、地方交付税交付金額は基準財政需要額から基準財政収入額を差し引く訳であるから、メリットはあまりないことになる。

表6-20　基準財政収入額における算入対象と算入対象外

	項目	算入対象	対象外
一般財源	普通税	（法定普通税のすべて）市町村民税、固定資産税、軽自動車税、たばこ税（除くたばこ交付金）、鉱産税	法定外普通税
	税交付金	利子割交付金、配当割交付金、株式等譲渡所得割交付金、地方消費税交付金、ゴルフ場利用税交付金	
	地方譲与税	特別とん譲与税	
	その他	市町村交付金、地方特例交付金、特別交付金	
目的財源	目的税	事業所税	入湯税、都市計画税、水利地益税、法定外目的税
目的財源	税交付金	自動車取得税交付金、軽油引取税交付金（指定都市のみ）	
	地方譲与税等	地方道路譲与税、自動車重量譲与税、石油ガス譲与税（指定都市のみ）、航空機燃料譲与税、交通安全対策特別交付金	

表6-21　市町村の税収入等についての算入率

算入率	市町村分
75%	地方税、税交付金、市町村交付金、地方特例交付金のうち減収補填特例交付金、特別交付金
100%	税源移譲相当額（個人住民税）、地方譲与税、交通安全対策特別交付金、地方特例交付金のうち児童手当特例交付金

5　指定都市にとっての地方交付税の役割と限界

（1）指定都市の基準財政需要額の算定

　地方交付税制度には、地方公共団体間における財政力の格差を是正するという財源調整の機能と、どの地方公共団体に対しても行政の計画的な運営が可能となるように必要な財源を保障する機能があるとされている。その意味から、基準財政需要額は、各地方公共団体の財源を公平に補填することを目的にして各地方公共団体の自然的・地理的・社会的諸条件に対応する合理的でかつ妥当な水準における財政需要額として算定される。

　このいわば標準的な財政需要額について、果たして指定都市の財政需要が適切に把握されているかどうかが一番問題になる。指定都市に対して現行の地方自治法その他の法律によって与えられている各権限の遂行及び指定都市の集積性・高次性・中枢性から生じる大都市の財政需要に対応することができるだけのものが算入されているかどうかについては、指定都市の実態に沿って改めて再検討されなければならないように思われる。

　確かに、指定都市については、普通態容補正をはじめとした各補正係数によって、標準団体とされる10万人の市の基準財政需要額よりも相当割増しされているという見方もあるかもしれない。しかしながら、例えば、普通態容補正における種地区分の分け方、その評点配分が適正であるのか、その基礎となった人口集中地区人口、経済構造、宅地平均価格指数、昼間流入人口とそれらの評点配分が適正であるのかについても再検討しなければならないように思われる。

　また、段階補正の考え方は、規模の経済ないしスケールメリットの理念に基づくものであるが、その理念自体は一般的には当てはまるとはいえ、指定都市についてはスケールメリットを上回る大都市的財政需要が顕在化しているのも事実であり、その意味では、現行の段階補正は指定都市に不利になっているといえる。

なお、段階補正と態容補正は一部相殺関係にあり、補正制度の効果を減殺しているとともに、補正方法を複雑でわかりにくくしている大きな要因になっている。

しかしながら、このように基準財政需要の算定に当たって、各種の補正によって、指定都市に固有の財政需要をもっと反映すべきであるという主張がある一方で、地方交付税制度はその目的からすると指定都市を含め各地方公共団体相互間の財政力格差の是正にこそ重点を置くべきであり、その意味では現行の種地区分の分け方や評点配分は段階が急になっているためあまりにも地方公共団体間に格差をつけすぎているのではないか、即ち、地方交付税制度の中立性に反するのではないかという批判がある。

つまり、地方公共団体間に現に存在する行政水準の差をそのまま反映させるべきか、それともこの差を縮小するように補正係数を定めるべきか、特に投資的経費の算定において地方公共団体間の社会資本ストックの差を積極的に縮めることを心がけるべきか否かについて鋭い意見の対立がある。

また、地方交付税制度によって地方公共団体の財政力格差をほとんど完全になくしてしまうことは、却って地方公共団体の税源涵養についての意欲を失わせ、地方自治の本旨に触れるのではないかという主張が出てくる。

いずれにしても、この議論は、地方交付税制度の目的や役割の範囲と限界の問題であり、その中立性・客観性・妥当性如何という根本的なあり方の問題に連なっているといえる。

ところで、地方交付税制度は都道府県と市町村の両者を対象としており、都道府県と市町村の普通交付税交付総額というマクロ的に見た場合の配分割合は約6対4となっている。このような配分割合の現状をどのように見たらいいかについては、指定都市を含む市町村優先主義を貫くべきであるとするならば、都道府県と市町村の地方交付税総額の割合は、むしろ逆に約4対6、あるいは市町村にそれ以上の配分割合を与えるべきであ

り、市町村間の財源の均衡化ないし財源保障機能の強化を図るべきであるといえるのではないかと思われる。

(2) 指定都市の基準財政収入額

　基準財政収入額は、各地方公共団体の財政力を合理的かつ客観的に算定することとして法定普通税を主体とした標準的な地方税収入である。この場合、標準的な地方税収入とは、基準財政収入額のうち、地方税（これに相当するものを含む）に関する部分については、標準税率に算入率（基準税率）を乗じて算定している。現在、算入率（基準税率）は、都道府県及び市町村ともに75％とされており、残りの25％は留保財源又は自由財源とされ、地方公共団体の裁量によって独自の施策の財源に充てられるものである。このように100％以下の算入率（基準税率）を用いているのは、基準財政需要額算定上の技術的な制約から千差万別の地方公共団体のあるべき財政需要のすべてをカバーしきれないこと、地方公共団体の自主性・独立性を保障し、自主財源である地方税の税源涵養に対する意欲を失わせないようにするためである。

　したがって、指定都市固有の大都市的財政需要が膨大となっていること、市町村優先主義の下で市町村の財政運営の自主性を尊重することを考えれば、指定都市を含め市町村については、算入率（基準税率）を75％から70％に下げ、留保財源率を25％から30％に引き上げるべきだという考え方が出てくる。なお、シャウプ勧告に基づいて創設された地方財政平衡交付金制度の下では、算入率（基準税率）は70％とされていたのである。

(3) 指定都市固有の独自税源の確保の必要性

　現代国家における地方自治行政には、ナショナル・ミニマム維持の見地から、その行政サービスの内容は地域間の均質化・平準化が求められ、全

国的な水準の統一性を保つことが要請される。つまり、地方公共団体としては、その固有の経済力・財政力にかかわりなく、地域間に差のない一定水準の行政を実施することが求められる。このように相反する2つの要素、即ち行政の統一的水準の確保と地域間の税源の不均衡という問題を調整して、すべての地方公共団体が、必要とされる一定水準の行政を営みうるように、国税・地方税を通じて税源の適切な配分を行い、地方公共団体の財源の均衡化と所要財源の確保を図る必要がある。地方財政調整制度としての地方交付税制度が必要とされるゆえんである。

このように、地方交付税制度はそもそも弱小市町村の財政力の格差を是正することを目的としていた。またそこに地方交付税制度の中立性が求められているところである。またこの性格ゆえに、地方交付税制度自体がその役割の限界をもっていることも明らかである。

地方公共団体がその仕事を進めていく場合、必要な経費を賄う財源として最もふさわしいものは、その自主性の下に収入・使用できる地方税である。地方分権の流れの中で市町村優先主義の原則を地方税の分野でも貫く必要があること、また特に指定都市固有の大都市としての財政需要が増大していること、さらには、地方交付税制度の中で指定都市のための補正係数の拡大運用でその増大する財政需要に対処することには自ずから限界があることを勘案すれば、指定都市についてはその財政需要に見合う独自の税源を確保する必要がある。また、税源の充実確保を図ることによって、大都市であるがゆえに集積している各種の税源を涵養しながら受益と負担の調和を求めていくことができるわけである。

指定都市について具体的にどのような税源の充実確保を図るべきかについては、以下の各章で述べることにしたい。

第 7 章 指定都市の税財政制度改革の方向

第 1 節　指定都市の実態に即応する税財政制度の改革の必要性

　わが国の経済の再生に向けて指定都市に対する期待は大きいし、指定都市の果たす役割も大きい。全国で 18 ある指定都市は、全人口の約 2 割を占める中で、高い GDP の水準を保ちながら全国平均を上回る経済成長を実現し、首都圏、中部圏、近畿圏などの大都市圏の核として、また、各ブロックや道府県の中心として地域経済を牽引してきている。

　今後においても、経済活動のグローバル化、産業のソフト化・サービス化などの動きの中で、成長性が期待される第三次産業等が集積する指定都市は、周辺地域とともに、わが国の経済発展の成長のエンジンとしての役割を果たすことが求められている。

　その一方で、経済的な地域間格差の拡大が指摘され、特に法人からの税収が増加するため、法人の集積が顕著な指定都市が裕福になり、その他の地域が財政的に厳しくなるとの意見がある。

　しかし、その実態についてみると、人口や産業の集積性、高次な都市機能や産業の高度化、それぞれの都市圏における中枢性などに対応するための財政需要も生じている。

このような指定都市特有の財政需要が歳出増の要因になっているが、指定都市特有の財政需要に対応した税財政制度が確立していないこと、事務配分の特例に対応した財源措置が不足していることなどから、自主財源による歳入の確保は難しい状況にあり、債務の増大を招いている。

即ち、指定都市は集積性・高次性・中枢性を背景としてわが国経済を牽引する役割を有する一方、様々な都市的課題を抱えており、これら指定都市特有の財政需要に対応するため、指定都市は厳しい財政状況にある。今や、指定都市特有の財政需要に対応した都市税源の充実強化を図るなど、指定都市の特性、役割分担に合った税財政制度の改革が求められている。

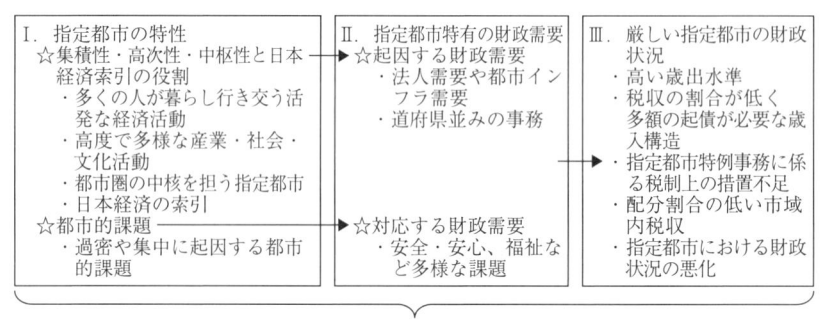

| I．指定都市の特性
☆集積性・高次性・中枢性と日本経済索引の役割
・多くの人が暮らし行き交う活発な経済活動
・高度で多様な産業・社会・文化活動
・都市圏の中核を担う指定都市
・日本経済の索引
☆都市的課題
・過密や集中に起因する都市的課題 | II．指定都市特有の財政需要
☆起因する財政需要
・法人需要や都市インフラ需要
・道府県並みの事務
☆対応する財政需要
・安全・安心、福祉など多様な課題 | III．厳しい指定都市の財政状況
・高い歳出水準
・税収の割合が低く多額の起債が必要な歳入構造
・指定都市特例事務に係る税制上の措置不足
・配分割合の低い市域内税収
・指定都市における財政状況の悪化 |

指定都市の特性に合った税財政制度の構築が必要

図7-1　指定都市の特性に合った税財政制度の改革の必要性

第2節　指定都市の税財政制度の個別・具体的改革

全国の指定都市を代表する、指定都市市長会及び指定都市議長会は、平成20年に、上記のような改革の必要性を認識した上で、指定都市財政の実態に即応する財源の拡充についての平成21年度に向けた要望事項を政府に提出した。そこで、同要望事項に沿ってその内容を紹介することとする。

その冒頭で、次のように述べている。

> 地方分権改革推進委員会の第1次勧告において、地方自治体が自らの責任で効率的な自治体経営を行うことができる基盤をつくるためには、地方税財源に占める地方税の割合を引き上げることが不可欠であり、当面、国と地方の税源配分は、5対5を念頭に置くことが現実的な選択肢であると触れています。
>
> しかし、一方で、「経済財政改革の基本方針2008」においては、国庫補助負担金、地方交付税、税源移譲を含めた税源配分の見直しの一体的な改革を検討するという昨年の基本方針と同様な内容にとどまり、未だ具体的な数値目標や工程が示されるに至っておりません。
>
> 地方分権改革を推進するためにも、地方税財源の拡充強化に当たっては、国と地方の役割分担を抜本的に見直した上で、消費税・所得税・法人税など複数の基幹税からの税源移譲により、税源配分の是正を行う必要があり、さらに、住民に最も身近な基礎自治体である市町村の税源、とりわけ都市税源の充実を図ることにより、大都市の実態に即応した税財政制度を確立することが重要であります。

以下において、同要望事項の中で取り上げられている改革の個別・具体的内容を取り上げることにしたい。

〔要望事項1　真の地方分権の実現のための国・地方間の税源配分の是正〕

「消費税、所得税、法人税など複数の基幹税からの税源移譲を行い、国・地方間の「税の配分」を当面5対5とすること。さらに、国と地方の新たな役割分担に応じた「税の配分」となるよう、地方税の配分割合を高めていくこと。なお、地方公共団体間の財政力格差の是正については、地方税収間の水平調整ではなく、地方税財源拡充の中で地方交付税等も含め一体的に行うこと。」

〔説明〕

　所得税から個人住民税への3兆円規模の税源移譲が実現し、国・地方間の「税の配分」は6対4となったが、地方交付税、国庫支出金等も含めた「税の実質配分」は3対7となっており、依然として大きな乖離がある。

　地方公共団体が事務及び事業を自主的かつ自立的に執行できるような真の地方分権を実現するためには、第二期地方分権改革の中で、国と地方の役割分担を抜本的に見直した上で、その新たな役割分担に応じた「税の配分」となるよう、具体的な工程を明示し、地方税の配分割合を高めていく必要がある。なお、平成20年度より地方税である法人事業税を一部国税化することによって、地方税収間の水平調整による格差是正が行われたが、これは地方分権の趣旨に反するものであり、地方公共団体間の財政力格差の是正は地方税財源拡充の中で、地方交付税等も含め一体的に行うべきである。

《現　状》

税の配分の抜本的な是正が必要

税の配分

地方税
40兆4,703億円
42.3%

国税
55兆1,399億円
57.7%

4 : 6

総額 95兆6,102億円

税の実質配分

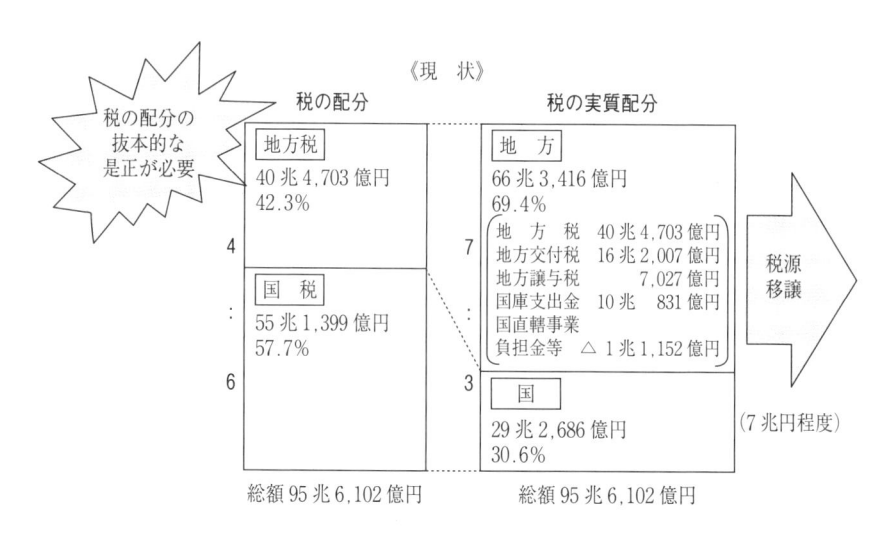

地　方
66兆3,416億円
69.4%
　地　方　税　　40兆4,703億円
　地方交付税　　16兆2,007億円
　地方譲与税　　　7,027億円
　国庫支出金　　10兆　831億円
　国直轄事業
　負担金等　　△1兆1,152億円

国
29兆2,686億円
30.6%

7 : 3

総額 95兆6,102億円

税源移譲
（7兆円程度）

図7-2　国・地方における租税の配分状況（平成20年度）
＊当初予算額、地方財政計画額による数値である。

表 7-1　国税：地方税 ＝ 5：5 とするための税源移譲のパターン例

	例1	例2	例3
消費税から 地方消費税へ	消費税 4%⇒2.5% 地方消費税 1%⇒2.5% （移譲見込額）約 4 兆円	消費税 4%⇒2.5% 地方消費税 1%⇒2.5% （移譲見込額）約 4 兆円	消費税 4%⇒2.5% 地方消費税 1%⇒2.5% （移譲見込額）約 4 兆円
所得税から 個人住民税へ	個人住民税の税率 10%⇒11.5% （移譲見込額）約1.5兆円	個人住民税の税率 10%⇒13% （移譲見込額）約 3 兆円	
法人税から 法人住民税へ	法人住民税の配分割合 12.2%⇒18.3% （移譲見込額）約1.5兆円		法人住民税の配分割合 12.2%⇒24.4% （移譲見込額）約 3 兆円
移譲額計	7 兆円程度	7 兆円程度	7 兆円程度

＊移譲総額は平成 20 年度の国の当初予算・地方財政計画ベースで計算

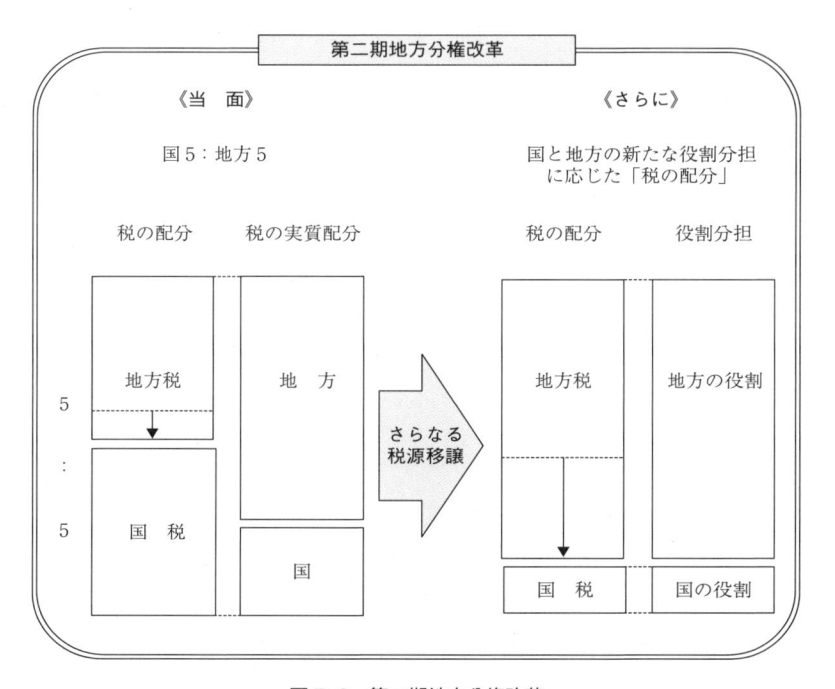

図 7-3　第二期地方分権改革

〔要望事項2　指定都市特有の財政需要に対応した都市税源の拡充強化〕

「指定都市特有の財政需要に対応するため、都市税源である消費・流通課税及び法人所得課税などの配分割合を拡充強化すること。特に地方消費税と法人住民税の配分割合を拡充強化すること。」

〔説明1〕指定都市税源の拡充強化

圏域の中枢都市としての役割を担う指定都市においては、消費流通活動が活発に行われ、また、法人は産業経済の集積に伴う社会資本の整備などの利益を享受している。基礎自治体である市町村、とりわけ指定都市においては、人口一人当たりの税収入の伸びは相対的に低い状況にあり、また、指定都市特有の財政需要を抱えているにもかかわらず、都市税源である消費・流通課税及び法人所得課税の配分割合が極めて低くなっている。したがって、指定都市特有の財政需要に対応するため、都市税源の配分割合を拡充強化する必要がある。

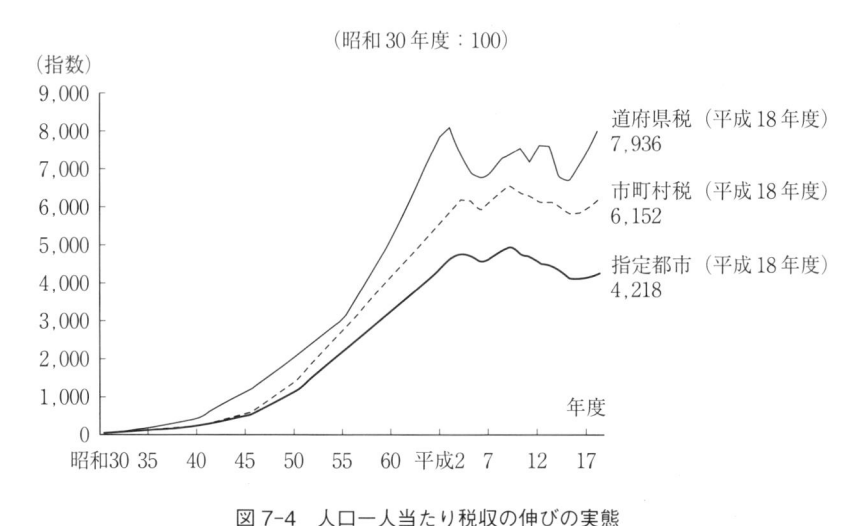

図7-4　人口一人当たり税収の伸びの実態
＊平成2年度以前は5か年ごと、平成2年度以降は各年度の決算ベースでの推移

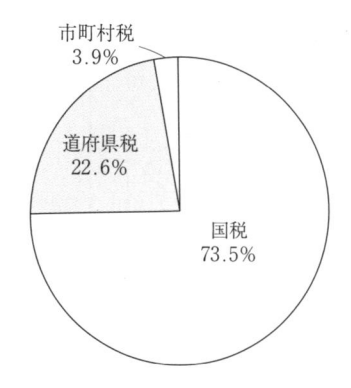

第7章 指定都市の税財政制度改革の方向 123

図7-5 消費・流通課税の配分割合
＊国税：平成20年度当初予算
　道府県税、市町村税：平成20年度地方財政計画

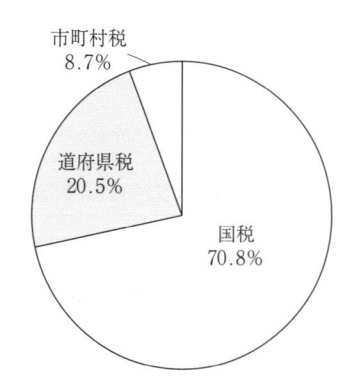

- 市町村税 3.9%
- 道府県税 22.6%
- 国税 73.5%

図7-6 法人所得課税の配分割合（実効税率）
＊実効税率は、法人事業税が損金算入されることを調整した後の税率である。
＊地方法人特別税は国税であるが、税体系の抜本的改革までの暫定措置であることから、道府県税に算入している。

- 市町村税 8.7%
- 道府県税 20.5%
- 国税 70.8%

◎都市的税目の配分割合が極めて低い。

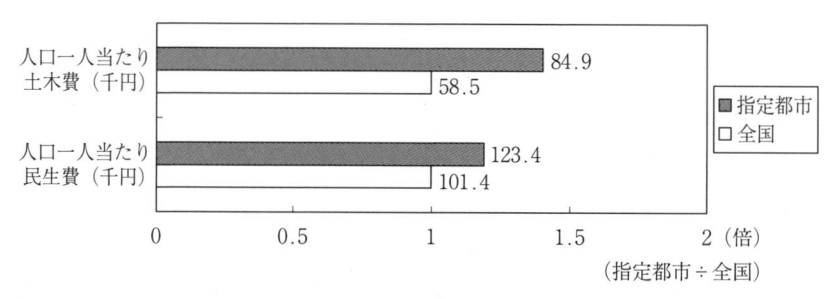

図7-7 都市的財政需要（全国平均との比較）
＊全国と指定都市（平成18年度時点）の比較

- 人口一人当たり土木費（千円）：指定都市 84.9、全国 58.5
- 人口一人当たり民生費（千円）：指定都市 123.4、全国 101.4

（指定都市÷全国）

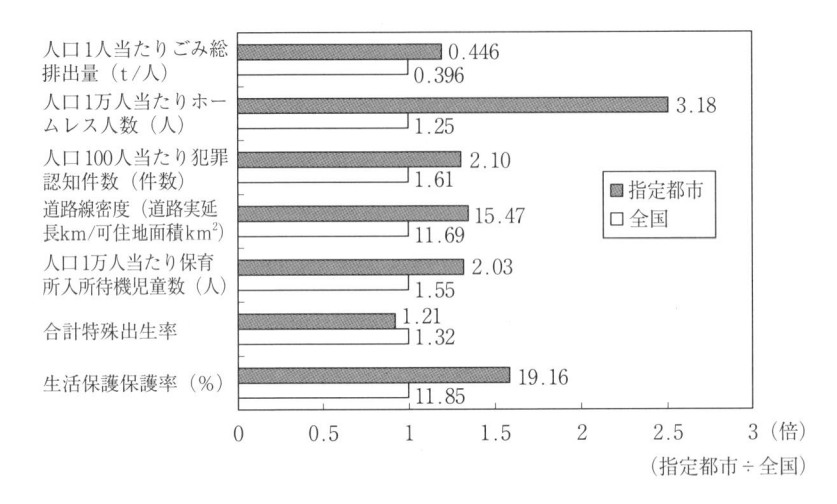

図7-8 都市の課題（全国平均との比較）

項目	指定都市	全国
人口1人当たりごみ総排出量（t/人）	0.446	0.396
人口1万人当たりホームレス人数（人）	3.18	1.25
人口100人当たり犯罪認知件数（件数）	2.10	1.61
道路線密度（道路実延長km/可住地面積km²）	15.47	11.69
人口1万人当たり保育所入所待機児童数（人）	2.03	1.55
合計特殊出生率	1.21	1.32
生活保護保護率（%）	19.16	11.85

（指定都市÷全国）

◎環境問題や安全・安心に関わる問題
◎都市基盤更新経費や少子高齢化問題
＊各種統計より作成

〔説明2〕消費・流通課税の充実

消費・流通課税は、都市における消費・物流の実態を反映する都市的税目であるが、消費・流通課税の市町村への配分割合は3.9％と極めて低いため、大幅な拡充を図る必要がある。

特に税源の偏在性が少なく税収が安定している地方消費税は、少子高齢化等の進展に伴い、今後も増加が見込まれる行政需要に地方が責任をもって対応していくうえで極めて重要な財源であるため、国・地方間の税源配分の是正を図る中で、より一層の充実を図る必要がある。

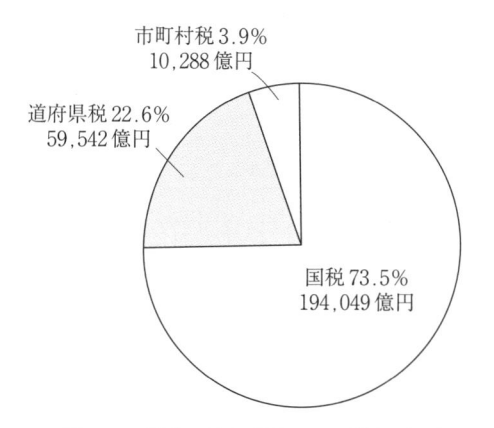

市町村税 3.9%
10,288 億円
道府県税 22.6%
59,542 億円
国税 73.5%
194,049 億円

図 7-9 消費・流通課税の配分割合（平成 20 年度）
＊地方消費税交付金など、譲与税・交付金の配分後においても、市町村の配分割合は 12.3%に過ぎない。
＊国の当初予算額、地方財政計画による数値である。

表 7-2 消費・流通課税の税目

国　税	道府県税	市町村税
消費税、酒税、たばこ税	地方消費税※	市町村たばこ税
揮発油税、地方道路税＊	道府県たばこ税	軽自動車税
航空機燃料税＊、石油ガス税＊	軽油引取税※	入湯税、鉱産税
石油石炭税、自動車重量税＊	自動車取得税※	
関税、とん税、特別とん税＊	自動車税	
電源開発促進税	ゴルフ場利用税※	
たばこ特別税	鉱区税、狩猟税	

＊の税目は、国から一定の都道府県・市町村に対し譲与税が譲与されている。
※の税目は、都道府県から一定の市町村に対し交付金が交付されている。

〔説明３〕個人住民税の充実

　個人住民税は、地域社会の費用を広く分担する税であり、基礎的行政サービスの提供を安定的に支えていくうえで極めて重要な税源である。
　所得税から個人住民税への３兆円規模の税源移譲が実現したものの、個

人住民税は、税源の偏在性が少なく、税収が安定した市町村の基幹税目であることを考慮し、引き続き、国・地方間の税源配分の是正を図る中で、より一層の充実を図る必要がある。

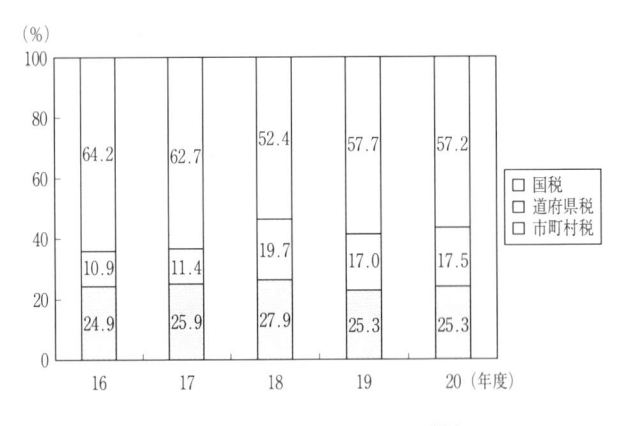

図7-10　個人所得課税の配分割合

年度	市町村税	道府県税	国税
16	24.9	10.9	64.2
17	25.9	11.4	62.7
18	27.9	19.7	52.4
19	25.3	17.0	57.7
20	25.3	17.5	57.2

◎税源移譲（平成19年度実施）後も、市町村の配分割合は、大きくなっていない。
　＊国の当初予算額、地方財政計画による数値である。
　＊平成18年度については、「所得譲与税」を含んでいる。

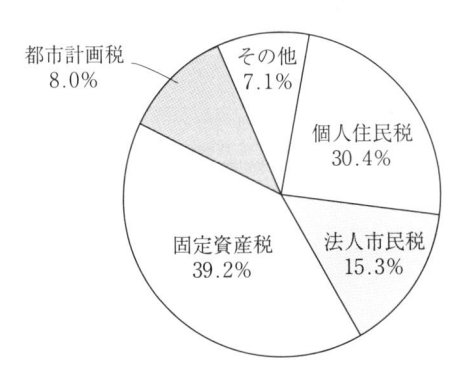

図7-11　指定都市における市税収入に占める個人市民税の割合（平成18年度）

- 個人住民税　30.4%
- 法人市民税　15.3%
- 固定資産税　39.2%
- 都市計画税　8.0%
- その他　7.1%

◎個人市民税は、市町村の基幹税目である。
　＊決算額による数値である。

〔説明 4〕法人住民税の充実

　法人は、産業経済の集積に伴う社会資本の整備などの利益を享受している。しかしながら、都市的税目である法人住民税については、法人所得課税の市町村への配分割合が、8.7％と極めて低く、指定都市特有の財政需要に対応した税収が確保できない仕組みになっていることから、国・地方間の税源配分の是正を図る中で、その配分割合の拡充を図る必要がある。

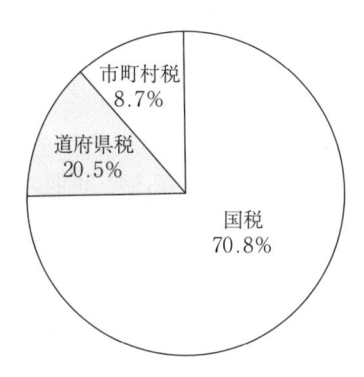

[円グラフ：市町村税 8.7％、道府県税 20.5％、国税 70.8％]

＊実効税率は、法人事業税が損金算入されることを調整した後の税率である。
＊地方法人特別税は国税であるが、税体系の抜本的改革までの暫定措置であることから、道府県税に算入している。

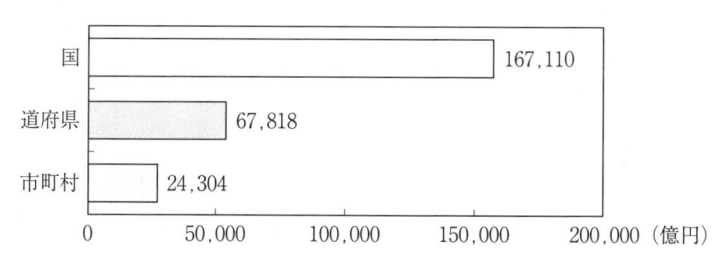

[棒グラフ：国 167,110、道府県 67,818、市町村 24,304（億円）]

＊国の当初予算額、地方財政計画額による数値である。
＊道府県は法人事業税（58,265 億円）と道府県民税法人税割（9,553 億円）の合計による数値である。

　図 7-12　法人所得課税の配分割合（実効税率）と法人所得課税（平成 20 年度）
　　　　◎法人所得課税の市町村への配分割合は極めて低い。

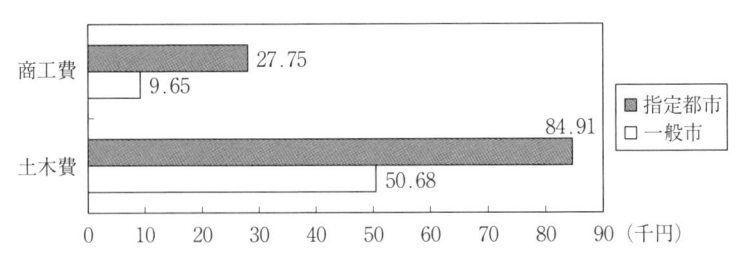

図7-13　法人需要への対応と都市インフラの整備・維持（1人当たり歳出額）
◎産業の集積とこれに伴い人口が集積する指定都市では、一般市に比べて商工費・土木費の歳出が高水準。
＊平成18年度市町村別決算状況調査

〔説明5〕固定資産税の安定的確保

　固定資産税については減収傾向にあるが、税源の偏りが小さく、住民税と同様に基礎的行政サービスの提供を安定的に支える上で重要な基幹税目であるので、今後も公平かつ簡素な税制を目指すとともに、その安定的な確保が必要である。

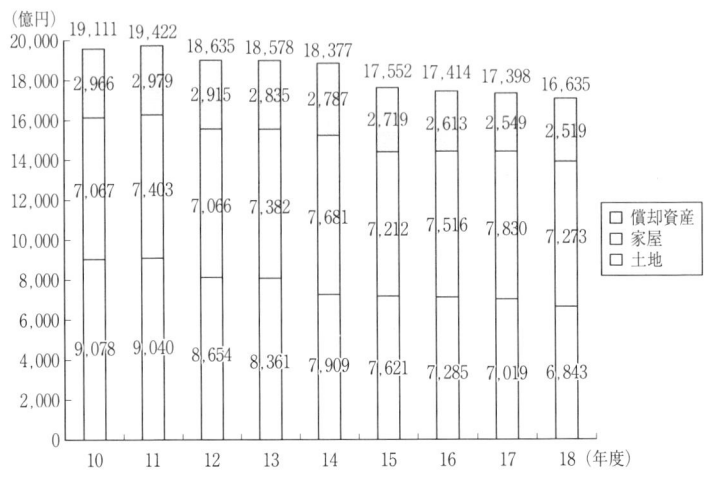

図7-14　指定都市における固定資産税収の推移（平成10年度から平成18年度）
＊決算額による数値である。
＊評価替え年度は、平成12、15、18年度である。

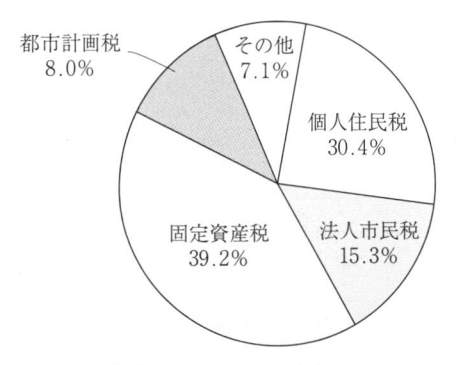

図7-15 指定都市における市税収入に占める固定資産税の割合(平成18年度)
◎固定資産税は、市税収入において大きな割合を占める基幹税目である。
＊決算額による数値である。

（円グラフ内訳）
- 個人住民税 30.4%
- 法人市民税 15.3%
- 固定資産税 39.2%
- 都市計画税 8.0%
- その他 7.1%

〔説明6〕定額課税の見直し

相当期間にわたって据え置かれている定額課税については、税負担の均衡や物価水準を考慮し、適切な見直しを行う必要がある。

表7-3 相当期間にわたって税率が据え置かれている税目

特別とん税（昭和39年度～）　45年据置

区　分	税　率（1t当たり）
入港ごと	20円
一時納入（1年分）	60円

軽自動車税（昭和59年度～）　25年据置

車　種		税　率
原動機付自転車	50cc以下	1,000円
2輪軽自動車	125cc超250cc以下	2,400円
4輪軽自動車	自家用乗用	7,200円
	自家用貨物用	4,000円

法人の市民税（均等割）（昭和 59 年度～） 25 年据置

資本金等の金額	従業者数 50 人以下	従業者数 50 人超
50 億円超	41 万円	300 万円
50 億円以下	41 万円	175 万円
10 億円以下	16 万円	40 万円
1 億円以下	13 万円	15 万円
1 千万円以下	5 万円	12 万円
公益法人等	5 万円	

＊従業者数 50 人以下の額については、平成 6 年度に 1 万円引き上げられている。

事業所税（昭和 61 年度～） 23 年据置

区　分	税率
資産割	600 円／㎡

個人の市民税（平成 8 年度～） 13 年据置

区　分	税率
均等割	3,000 円

〔説明 7〕租税特別措置等の整理合理化

　国税における租税特別措置及び地方税における非課税等特別措置（固定資産税・都市計画税の非課税及び課税標準の特例など）については、これまでも見直しが行われてきたが、なお不十分な状況にある。

　主として国の施策により地方税に影響を及ぼすもの及び課税の均衡上適当でないもの等については、地方の自主性・自立性を阻害し、市町村にとって減収の一因となることから、一層の整理合理化を進める必要がある。

表 7-4　租税特別措置等による地方税の減収見込額（平成 20 年度）　（単位：億円）

区　分		国税の租税特別措置による地方税の減収見込額	地方税の非課税等特別措置による減収見込額	合　計
道府県税	道府県民税	1,462	880	2,342
	事業税	1,277	1,024	2,301
	計	2,739	1,904	4,643
市町村税	市町村民税	2,482	1,319	3,801
	固定資産税	―	2,706	2,706
	計	2,482	4,025	6,507
合　計		5,221	5,929	11,150

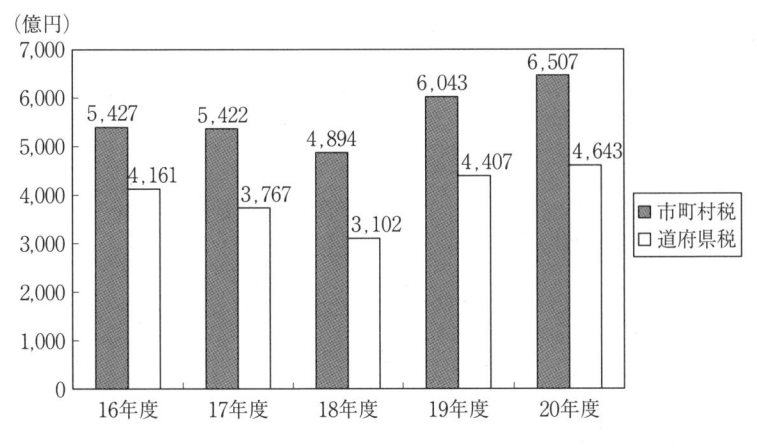

第7章　指定都市の税財政制度改革の方向　131

図7-16　租税特別措置等による地方税の減収見込額の推移

（億円）

年度	市町村税	道府県税
16年度	5,427	4,161
17年度	5,422	3,767
18年度	4,894	3,102
19年度	6,043	4,407
20年度	6,507	4,643

〔要望事項3　事務配分の特例に対応した指定都市特例税制の創設〕

「道府県に代わって行っている事務について所要額が税制上措置されるよう、道府県から指定都市への税源移譲により指定都市特例税制を創設すること。」

〔説明〕

道府県に代わって行っている一定の事務（大都市特例事務。例えば、国・道府県道の管理等）について所要額が指定都市の税源として措置されていないため、受益と負担の関係にねじれが生じている。さらに、道府県費負担教職員給与費が指定都市の負担とされると、税制上の措置不足額が拡大することが想定される。したがって、指定都市特例事務などについての所要額が指定都市の税源として措置されるよう、道府県から指定都市への税源移譲により指定都市特例税制を創設する必要がある。

受益と負担の関係にねじれ
指定都市の市民は ☆行政サービスは「**指定都市**から**受益**」（指定都市特例事務） ★その**負担**は「**道府県への納税**」

↓

道府県に代わって指定都市が負担する経費を「**道府県税から市税への税源移譲（指定都市特例税制）**」で措置すべき

図 7-17　受益と負担のねじれ

道府県に代わって負担している経費
（特例経費一般財源等所要額）

3,724 億円

地方自治法に基づくもの
土木出張所
衛生研究所
定時制高校人件費
国・道府県道の管理等

同左税制上の措置

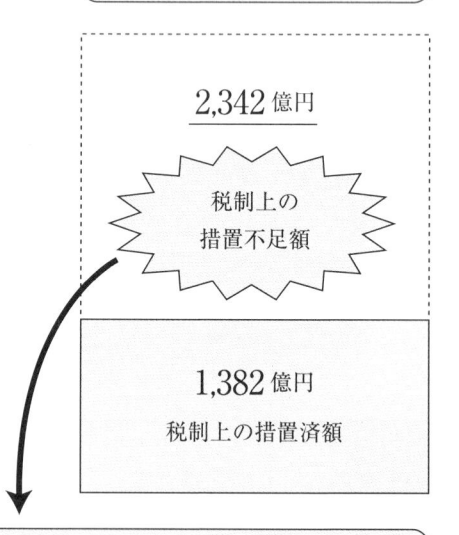

2,342 億円

税制上の措置不足額

1,382 億円
税制上の措置済額

道府県費負担教職員給与費が指定都市の負担とされると…
その影響額はさらに約 7,900 億円拡大
（平成 18 年度決算をもとに推計）

図 7-18　大都市の事務配分の特例に伴う税制上の措置不足額（平成 20 年度予算に基づく概算）

〔要望事項4　国庫補助負担金の改革〕

「国と地方の役割分担を明確にした上で、地方が担うべき分野に係る国庫補助負担金を廃止し、所要額を全額税源移譲すること。地方の自由度の拡大につながらない単なる国庫補助負担率の引き下げは、決して行わないこと。国が担うべき分野については、必要な経費全額を国が負担すること。」

〔説明1〕国庫補助負担金の廃止と税源移譲

国と地方の役割分担を明確にした上で、真に国が義務的に負担すべき分野を除き、国の関与・義務付けを廃止・縮減しつつ、国庫補助負担金の廃止と税源移譲を一体で進めることで、真に住民に必要なサービスを地方自らの責任で自主的、効率的に提供することが可能となる。

特に、これまでの改革で行ったような単なる国庫補助負担率の引き下げは、地方の自由度の拡大につながらないことから決して行わないことと、交付金化された国庫補助負担金についても、国の関与が依然として残ることから、廃止の上、税源移譲を行うことを求める。

国が担うべき分野については、必要な経費全額を国が負担するべきである。

表7-5　廃止すべき国庫補助負担金（平成16年7月指定都市提言）の未実施分

事項		主なもの	20年度予算額
奨励的補助金 （地財法16条）	投資	水道施設整備費補助、廃棄物処理施設整備費補助	4,922億円
	経常	公営住宅家賃対策等補助、森林整備地域活動支援交付金	313億円
	義務	在宅福祉事業補助金、児童保護費等補助金	1,591億円
国庫負担金 （地財法10条）	投資	下水道事業費補助金、公営住宅建設費等補助金	8,084億円
	義務	義務教育費国庫負担金、児童保護費等負担金	2兆150億円
小　　計			3兆5,060億円
社会資本整備事業特別会計		地方道路整備臨時交付金、地域連携推進事業費補助金	1兆2,074億円
合　　計			4兆7,134億円

表7-6 ［三位一体の改革］における国庫補助負担金の改革（平成16～18年度）

国庫補助負担金の廃止・縮減		△4.7兆円
	税源移譲の対象となるもの	△2.9兆円
	交付金化	△0.8兆円
	スリム化	△1.0兆円
負担率が引き下げられたもの		
	義務教育費国庫負担金　　　　1／2 ⇒ 1／3 児童扶養手当給付費負担金　　3／4 ⇒ 1／3 児童手当国庫負担金　　　　　2／3 ⇒ 1／3	

国と地方の役割分担を明確化

地方が担うべき分野

国が担うべき分野については、必要な経費全額を国が負担すること

国庫補助負担金の廃止

真に国が義務的に負担すべき分野を除き、国の関与・義務付けを廃止・縮減

⇔ 一体化

所要額を税源移譲

役割分担に応じた税源配分へ

当面は国：地方＝5：5とするため7兆円程度を税源移譲

単なる国庫補助負担率の引下げは行わないこと

真に住民に必要なサービスを、地方自らの責任で提供！

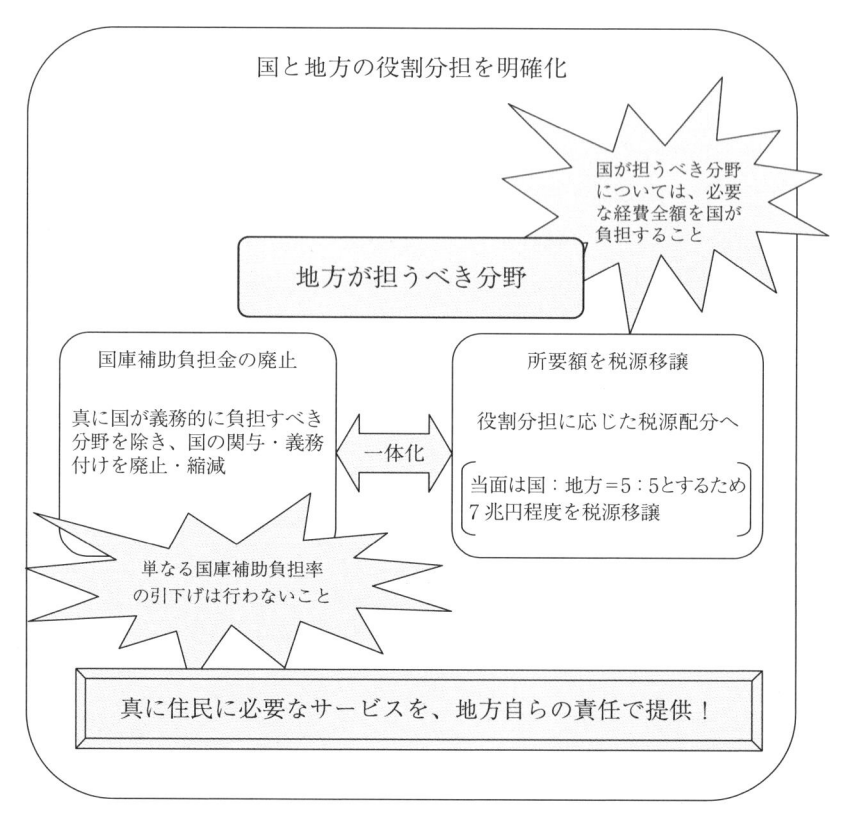

図7-19　国と地方の役割分担を明確化

〔説明2〕指定都市特例事務に係る国庫補助負担金の見直し

指定都市においては、国・道府県道の管理その他事務配分の特例が設けられ、道府県に代わってこれらの事務（指定都市特例事務）を行っている。指定都市特例事務に係る国庫補助負担金について、一般財源化等の見直しが行われる際には、道府県への税源配分のみでなく、指定都市に対しても税源移譲を行うべきである。

表7-7　指定都市特例事務に係る国庫補助負担金（平成20年度予算）

(単位：百万円)

地方自治法第252条の19の規定に基づく事務に係るもの		その他の法令に基づく事務に係るもの	
事務の項目	国庫補助負担金額	事務の項目	国庫補助負担金額
児童福祉	23,853	国道・道府県道管理	46,941
民生委員	9	土木出張所	35
身体障害者福祉	777	衛生研究所	54
生活保護	1,617	道府県費教職員の任免・研修	9
社会福祉事業	8	都市緑地保全	786
知的障害者福祉	12	一・二級河川維持管理	874
母子家庭寡婦福祉	235	スクールカウンセラー	596
老人福祉	165		
母子保健	1,007		
障害者自立支援	18,578		
食品衛生	16		
精神保健福祉	1,755		
結核予防	441		
土地区画整理事業	65		
屋外広告物規制	5		
合　計	48,543	合　計	49,295

```
　　大都市特例事務に係る国庫補助負担金　　978億円
　　　　（平成20年度当初予算　指定都市総額）
　そのうち
　　　地方自治法に基づく事務に係るもの　　485億円
　　　その他法令に基づく事務に係るもの　　493億円
```

〔説明3〕国直轄事業負担金の廃止

　国と地方の役割分担の見直しを行った上で、最終的に国が行うべきとされた国直轄事業については、国の負担で整備すべきであり、地方に負担を求めるべき性格のものではない。したがって、国直轄事業負担金については廃止すべきである。

　また、現在国直轄事業として行っている国道や国立公園などの施設の整備・管理について指定都市などの地方公共団体に移譲する場合は、必要経費を全額財源措置すべきである。

表7-8　指定都市が負担している国直轄事業維持管理費の例（平成18年度決算）

（単位：億円）

事業名	国直轄事業に対する指定都市の負担額	国直轄事業費に対する指定都市の負担割合
国道維持・管理	86.1	40.4%
公園維持管理	4.5	21.3%
空港維持管理	0.5	6.5%

〔説明4〕国庫補助負担金の運用・関与の改善

　国庫補助負担金の改革がなされるまでの当面の間、存続する国庫補助負担金については、国と地方の適正な財政秩序の維持等を図るため、次のような改善を行うべきである。

・　国庫補助負担金の算出に当たっては、事業実施のための必要かつ十分

な金額を基礎とし、超過負担の解消を図ること。
・ 地方の実情に応じて、地方公共団体の裁量で施行できるよう、補助要件の弾力的な運用を図ること。
・ 事務負担の軽減を図るため、申請事務・各種照会の簡素合理化を図ること。

（参考）地方財政法18条
国の負担金、補助金等の地方公共団体に対する支出金（以下「国の支出金」という。）の額は、地方公共団体が当該国の支出金に係る事務を行うために必要でかつ十分な金額を基礎として、これを算定しなければならない。

表7-9 主な国庫支出金対象事業における超過負担額（平成20年度予算）（単位：億円）

事業費	総事業費①	単独事業費②	あるべき補助基本額③	補助基本額④	④/③	超過負担額⑤：③-④	左に対するあるべき補助金⑤×各補助率
保育所運営費	2,274	463	1,811	1,282	70.8%	529	234
ごみ処理施設建設費（工場建設費）	188	32	156	132	84.6%	24	22
小・中学校校舎建設費	296	31	265	195	73.6%	70	36
小学校	226	24	202	147	72.8%	55	29
中学校	70	7	63	48	76.2%	15	7
小・中学校屋内運動場建設費	50	2	48	31	64.6%	17	9
小学校	31	1	30	20	66.7%	10	6
中学校	19	1	18	11	61.1%	7	3
合　計	2,808	528	2,280	1,640	72.0%	640	301

＊補助基本額及び国庫支出金については、平成20年度認証額とし、認証の確定していないものは見込額とする。
＊保育所運営費のあるべき補助基本額は、国の基準による徴収金相当額を控除した額とし、保育料の国の基準による額と実収入額との差は単独事業扱いとする。
＊公立保育所運営費等、税源が移譲されているものは対象に含めない。

〔要望事項5　地方交付税の改革〕

「地方交付税は地方固有の財源であり、国の関与・義務付けの見直しを伴わない国の歳出削減のみを目的とした根拠のない地方交付税の削減は決して行わないこと。国・地方を通じた歳出削減努力によってもなお生じる地方財源不足額の解消は、地方交付税の法定率引上げによって対応すること。地方交付税の算定に当たっては、指定都市特有の財政需要を的確に反映させる仕組みを構築するとともに予見可能性の確保に努めること。」

〔説明〕

地方交付税は、国の関与・義務付けによる事務事業を含め、地域社会に必要不可欠な一定水準の公共サービスを提供できるようにする、地方固有の財源である。その改革については、財源の保障機能と税源偏在の調整機能を分離することなく双方を重視するとともに、地方の役割や行政サービスの水準について地方と十分な議論を行った上で進めるべきである。その際には、指定都市を狙い撃ちにした地方交付税の削減や国の関与や義務付けの見直しを伴わない、国の歳出削減のみを目的とした根拠のない地方交

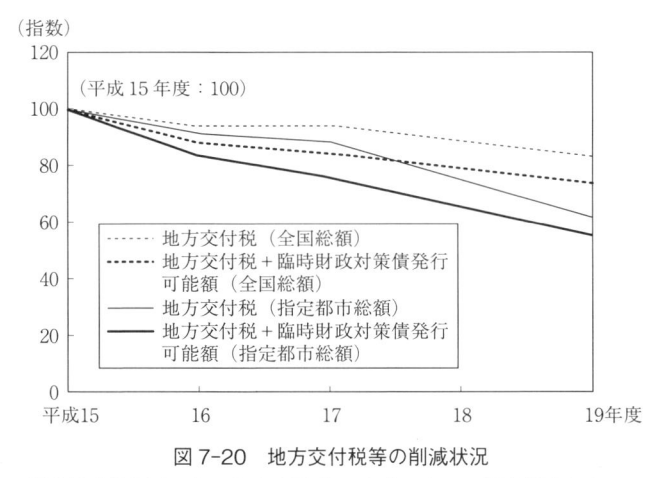

図7-20　地方交付税等の削減状況

＊指定都市総額は、どの年度も平成19年度において指定都市となっている17市すべての額を合計したもの。

付税の削減は決して行うべきではない。

また、国・地方を通じた歳出削減努力によってもなお生じる地方財源不足額の解消は、臨時財政対策債の発行等による負担の先送りではなく、地方交付税の法定率引上げによって対応すべきである。

さらに、地方交付税の算定に当たっては、大都市特有の財政需要を的確に反映させる仕組みを構築するとともに、具体的な算定方法や算定基準を早期に明示するなど、予見可能性の確保に努めるべきである。

表7-10 全国総額

	平成15年度決定額	平成19年度決定額	比較増減額	比較増減率
地方交付税	18兆693億円	15兆2,027億円	△2兆8,666億円	△15.9%
（人口一人当たり）	(14.1万円)	(11.9万円)		
地方交付税＋臨時財政対策債発行可能額	23兆9,455億円	17兆8,327億円	△6兆1,128億円	△25.5%
（人口一人当たり）	(18.7万円)	(14.0万円)		
基準財政需要額	47兆762億円	45兆2,897億円	△1兆7,865億円	△3.8%
（人口一人当たり）	(36.8万円)	(35.4万円)		

表7-11 指定都市総額

	平成15年度決定額	平成19年度決定額	比較増減額	比較増減率
地方交付税	8,585億円	5,299億円	△3,286億円	△38.3%
（人口一人当たり）	(3.5万円)	(2.2万円)		
地方交付税＋臨時財政対策債発行可能額	1兆3,855億円	7,671億円	△6,184億円	△44.6%
（人口一人当たり）	(5.7万円)	(3.1万円)		
基準財政需要額	4兆8,360億円	4兆5,427億円	△2,933億円	△6.1%
（人口一人当たり）	(19.8万円)	(18.6万円)		

＊平成15年度の指定都市総額には、平成19年度において指定都市となっている静岡市・堺市・新潟市・浜松市も含んでいる。
＊平成15年度において、指定都市の一人当たり地方交付税額は全国平均額の約3/10だったが、平成19年度においては約2/10まで下がっている。

〔要望事項6　道路特定財源の一般財源化のあり方〕

「道路特定財源の一般財源化に当たっては、厳しい地方財政の状況や地方の道路整備、財源配分の状況なども踏まえ、これまで地方に配分されてきた以上の額を確保し、地方が必要とする道路整備などの事業を地方の裁量で行えるよう、自由度の高い地方税財源の充実強化を図ること。」

〔説明〕

平成20年度当初予算においては、国と地方を通じた道路特定財源関係の税収5.4兆円のうち、地方分は、譲与税や交付金、補助金など3.4兆円である。

道路特定財源の一般財源化に当たっては、厳しい地方財政の状況、地方

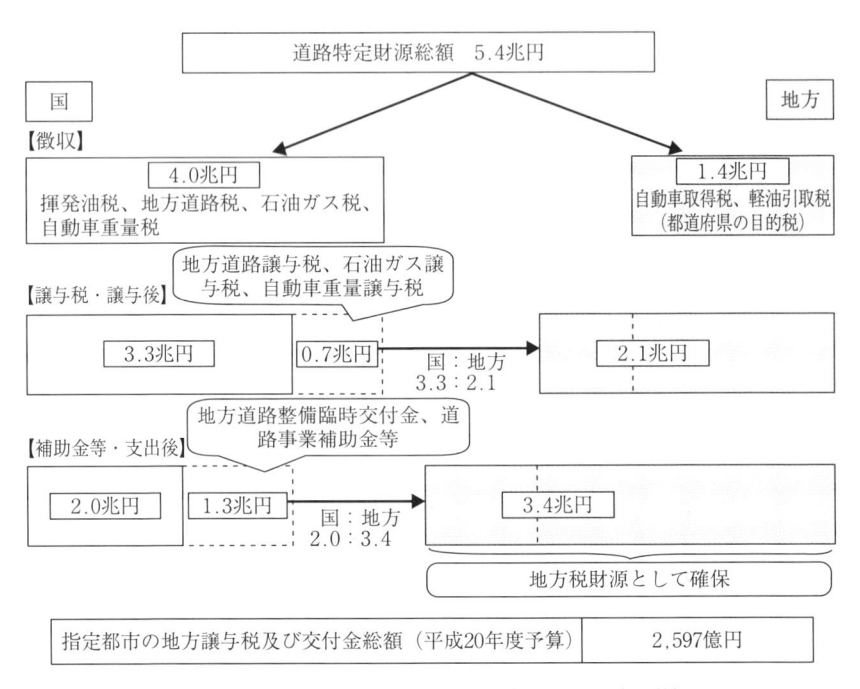

図7-21　道路特定財源の配分状況（平成20年度予算）

＊交付金とは、軽油引取税交付金、自動車取得税交付金の合計である。

の道路整備の必要性や地方の道路予算のうち約6割を一般財源などによって賄っている実態なども踏まえ、これまで地方に配分されてきた以上の額を確保し、地方税財源の充実強化を図るべきである。

その際には、現行、指定都市が指定都市特例事務として国・道府県道の管理を行っていることを踏まえて道路特定財源が配分されていることを十分考慮すべきである。

また、地方分権推進の立場から、地方が必要とする道路整備などの事業は地方の裁量で行えるよう、国と地方の役割分担、税財源のあり方などに関して改革を進めるべきである。

〔要望事項7　地方債の発行条件の改善〕

「政府資金について、地方債の発行条件の改善、安定的な確保及び繰上償還に係る対象要件の拡大を図ること。また、地方債の償還期間については、施設の耐用年数に応じた弾力的運用を行うこと。」

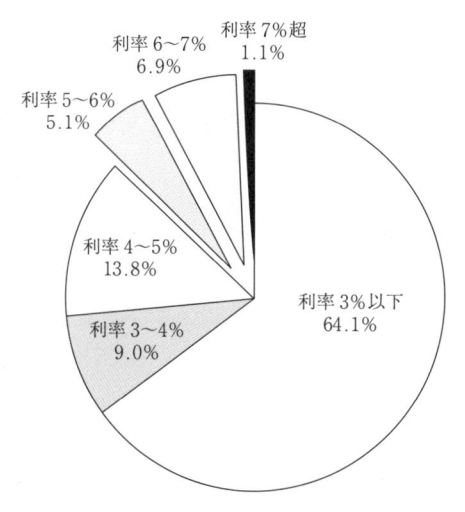

図7-22　政府資金の利率別借入残高の構成比
＊平成19年度決算見込額全会計ベース　指定都市合計

- 利率3%以下　64.1%
- 利率3〜4%　9.0%
- 利率4〜5%　13.8%
- 利率5〜6%　5.1%
- 利率6〜7%　6.9%
- 利率7%超　1.1%

〔説明〕

　都市施設の整備や累次の景気対策に伴い、公債費が急増しているほか、過去に高金利で借り入れた政府資金等が指定都市にとっても多大な負担となっている。

　こうした状況を踏まえ、公債費負担の軽減を図り、地方公共団体の財政健全化を推進するため、政府資金について、地方債の発行条件の改善、安定的な確保を図るとともに、平成19年度から平成21年度までの臨時特例措置として、過去に高金利で借り入れた資金についての補償金免除繰上償還が創設されたところであるが、それに加え、今後さらなる対象要件の拡大を図るべきである。また、地方債の償還期間については、施設の耐用年数に応じて延長するなどの弾力的運用を行うべきである。

第8章 役割分担原則における市町村優先主義と道府県・市町村間の地方税源の再配分について
―義務教育職員給与費の負担区分を例にして―

　筆者は、標題について、岡山大学創立五十周年記念論文集『世紀転換期の法と政治』（2001年11月　岡山大学法学会　有斐閣）に論文を掲載していただいた。

　この論文では、地方分権一括法による改正後の地方自治法1条の2に規定する国と地方公共団体の役割分担原則の規範性の重要性を指摘する。さらに、この原則に沿って具体的に「義務教育費」を市町村負担とすることが、法律的観点から及び現行の道府県税と市町村税の税体系を前提とした上で、それらの税源再配分の中で可能かどうかについてシミュレーションすることを目的としている。

　税源再配分の中で可能かどうかについては、第9章で明らかにするが、本章では、義務教育費国庫負担制度の沿革と経費負担区分論がどのように議論されてきたかということに焦点を当てる。

第1節　役割分担原則の法規範性について

　いわゆる地方分権一括法（平成11年法律第87号）による改正後の地方自治法1条の2第2項は、国と地方公共団体の役割分担原則を明示した。

即ち、地方公共団体が地域における行政を自主的かつ総合的に実施する役割を広く担うことができるようにすることを基本として、国と地方公共団体は適切な役割分担をすることとされた。つまり、国は、①国際社会における国家としての存立に関わる事務、②全国的に統一して定めることが望ましい国民の諸活動又は地方自治に関する基本的な準則に関する事務、③全国的な規模で又は全国的な視点に立って行わなければならない施設及び事業の実施、④その他国が本来果たすべき役割、の4点に限定してこれらを重点的に担い、住民に身近な行政はできる限り地方公共団体に委ねる、こととされた。

この国と地方公共団体の役割分担原則は、地方分権一括法による地方分担改革の全体を通じた基本理念として位置づけられている。その場合の基本理念の意味は、一般的ないし抽象的な理念にとどまるのではなく、個々の事務配分をする際の具体的な基準として機能する規範としてであり、行政のみでなく立法をも拘束する基本的法規範として機能するよう位置づけられていることが重要である。

この点は、次の2つの規定の中に伺われる。即ち、地方自治法2条11項においては、「地方公共団体に関する法令の規定は、地方自治の本旨に基づき、かつ、国と地方公共団体との適切な役割分担を踏まえたものでなければならない」とされ、また、同条12項においては、「地方公共団体に関する法令の規定は、地方自治の本旨に基づいて、かつ、国と地方公共団体との適切な役割分担を踏まえて、これを解釈し、及び運用するようにしなければならない」とされている。

地方自治法は、憲法が保障する「地方自治の本旨」を実定法上において明らかにすることを目的にしており、しかも、「国と地方公共団体の関係を規律する基本的な法律」（いわば地方自治基本法）に相当する。したがって、「役割分担適合性規範」は、新たに基本的法規範となったのであり、また、実定法規範として作用していくべきものとされたのである。

また、ここでもう1つはっきりさせておかなければならないのは、この「役割分担適合性規範」は、都道府県と市町村の関係を規律する基本的規範でもあり、実定法規範としても作用していくべきものとされていることである。この点も地方自治法において明らかにされている。即ち、同法2条5項においては、「都道府県は、市町村を包括する広域の地方公共団体として、①広域にわたるもの、②市町村に関する連絡調整に関するもの、③その規模又は性質において一般の市町村が処理することが適当でないと認められるもの、を処理する」ものとされ、同条3項においては、「市町村は、基礎的な地方公共団体として、①〜③の都道府県が処理するものとされているものを除いて、一般的に地域における事務を処理する」ものとされている。

　このように眺めてくると、「役割分担適合性規範」という考え方は、国、都道府県、市町村の間の関係を、従来の「上下」・「主従」の関係から「対等」・「協力」の関係に置き換えるという意味にはとどまらなくなる。つまり、それは、単なる役割分担論ではなく、国や都道府県の役割を限定することを求めているのであり、いわゆる「補充性の原則」に基づいた「市町村優先の原則」に適合するかどうかを求める法規範であることを意味しているのである。

第2節　役割分担原則から見た義務教育費国庫負担制度の見直し

　地方分権推進委員会の第二次勧告（平成9年7月8日）中「国と地方の財政関係の基本的な見直しの方向」においては、「地方分権の推進により、国と地方公共団体を主従・上下の関係から対等・協力の関係に移行させていくためには、地方公共団体の自主性・自立性を高める見地から、国と地

方公共団体の役割分担の見直し、機関委任事務制度の廃止、地方への権限移譲、国の関与・必置規制の整理合理化等を進めるとともに、国と地方公共団体の財政関係についても基本的な見直しを行う必要がある」とあり、「国と地方公共団体の財政関係の見直しに当たっては、地方行政の自主的な運営の確保、行政責任の明確化等の観点から、地方公共団体の担う事務に要する経費については当該地方公共団体が全額を負担するという原則を堅持する」とされている。

　このような考え方と照らし合わせて考えると、現行の地方財政法においては、いくつかの例外があり、地方公共団体の行う事務について、当該事務に対する国の利害の度合い等に応じて国が経費の全部又は一部を負担又は補助することとされている。しかも、第二次勧告においても、国庫負担金とは、国と地方公共団体相互の利害に関係のある事務について国が義務的に支出すべき給付金をいうものとした上で、この意味の国庫負担金の考え方を今後とも基本とすることが適当である、としており、いわゆる義務教育費国庫負担金については見直しの対象にされてはいない。つまり、現行法では、義務教育職員給与費については、都道府県の実支弁額の２分の１の額を一律に国庫が負担することとされているが、この考え方は、役割分担原則ないし行政責任明確化の観点から見直しをすべきではないかという議論はなされていないのである。

　しかしながら、現行の経費負担区分の考え方は、やはり前述の役割分担原則とは相容れないのではないかと考える。なぜならば、役割分担原則の下では、個々の事務の帰属主体は明確に決定されるべきであり、いったん帰属が決定された事務についてはその事務全体にわたって当該行政主体の包括的な権限が承認されるべきものである（一事務一主体原則）。したがって、従来の機関委任事務のように、一つの事務に関してその本来の帰属主体（国）と現実の実施主体（地方公共団体）が分離する形態や、一つの事務につき二つの責任主体が同時的に存在するという形態は、行政責任を

第8章　役割分担原則における市町村優先主義と道府県・市町村間の地方税源の再配分について—義務教育職員給与費の負担区分を例にして—

不明確化するという意味において役割分担原則とは相容れないものである。

ところで、義務教育に関する役割分担は、地方分権一括法による改正後においてもなお不明確である。というのは、地方教育行政の組織及び運営に関する法律23条によれば、市町村教育委員会の職務権限は、一応、学校その他の教育機関の設置・管理、職員その他の人事、学齢児童・生徒の就学、学校の組織編制・教育課程・学習指導・生徒指導、教科書その他の教材の取扱い等教育に関する一般的な事務を処理することとされている。しかしながら、一方で、義務教育職員については、同法37条により、その任命権は都道府県教育委員会に属するとされており、また、同法41条及び42条により、その定数、給与、勤務時間その他の勤務条件などは都道府県の条例で定めるとされている。

義務教育は、確かに国家的見地から見て国も重大な利害をもつ行政分野であり、国民生活にとって最も基本的な行政であり、全地方公共団体を通じて一定の行政水準を保つ必要がある。しかしながら、われわれが現在直面している「校内暴力」、「いじめ」、「個性を育み様々な可能性を引き出しうるような教育システム」、「学校完全週5日制と新教育課程の実施」等といった諸問題を前にして、戦後60年間ほとんど基本的には変わっていないこれまでの中央集権型の教育行政システムではもうどうにも対処できそうにないことがようやく明らかになってきたのである。これらの諸問題に対処する基本的な考え方は、いかにしたら教育を受ける子供やその保護者らの立場に立った見直しができるかということである。そして、学校教育の行き過ぎた平等主義や画一性の問題は、むしろ、現在の教育行政の仕組みそのものに起因するところが大きい。したがって、学校教育を支える教育行政制度については、より多様で柔軟な教育を実現するためにも、教育の地方分権が一層求められ、ひいては、学校現場における主体性の確保や意欲的な取組みを生かしていくシステムへ改革される必要がある。その意

味では、義務教育の地方分権とは、市町村に行政責任を委ねるのが最も望ましいと考えられるし、また、そのことが前述の役割分担原則に沿うものと考えられる。

　しかも、市町村が、その行政責任を果たすためには、単に市町村に職務権限を認めるだけではだめで、そのための財源をいかにして確保するかということが極めて重要な課題になる。

　そこで、義務教育に係る教育行政の歴史を振り返ってみると、市町村負担の原則、市町村に対する国庫補助金制度の導入、国庫補助金額の増大とその限界、国と市町村との共同責任・共同負担という考え方の下での国庫負担金制度の導入、国と都道府県の共同負担という考え方の下での国庫負担金制度への移行、国庫負担金制度の否定と市町村負担原則の復活、再び国と都道府県が2分の1ずつ負担する国庫負担金制度の復活というように、その時代、その時代に応じて基本理念そのものが大きく変化している。

　そこで、次節では、義務教育を中心とした教育制度とそれを支えてきた教育財政の歴史をたどった上で、次章で、新しい地方分権時代の下における教育の地方分権のあり方とそのための財源の確保方策、とりわけ、市町村税源の具体的な充実・確保の方策として、都道府県と市町村の間の税源の再配分について検討し、さらに提言することとしたい。

第3節　経費負担区分論と義務教育費の沿革

　経費負担区分論は、明治維新後教育制度その他各種の制度の整備及び近代化が図られていく中で、国から地方公共団体又はその機関に委任される事務が急速に増大していき、そうした委任事務の増大が地方財政を著しく圧迫したことから生まれた。

即ち、国と地方の双方に利害のある事務を地方公共団体に行わせるために要する費用については、国はその利害の程度に応じて経費を負担すべきであるという国と地方の経費負担区分論が生まれたのである。

　そしてこの経費負担区分論は、国にとっても地方公共団体にとっても最も重要な行政であった義務教育に要する費用の負担関係を中心として発展してきたのである。

　この点についての経緯は以下のとおりである。

1　明治5年（1872年）の学制の発布

　新教育制度の基礎をなす小学校教育（8年制）は当初、学区が担当することとされた。この学区制とは、全国に小学、中学、大学を設けるためにとられた制度であり、全国を5万3,760の小学区に分け、小学校一校ずつを設置、210小学区をもって一中学区とし、全国256の中学区に中学校を一校ずつ設置、32中学区をもって大学区とし、ここに大学一校ずつを設置、全国に8大学を設けることとされた。

　小学校の開設は急速に進められ、3〜4年の間に全国的に必要な2万6,000ほどの小学校が設置されたが、学区制による中学校の設置は実際には行われなかった。大学についても、直ちに8大学の設置には至らず、明治10年にようやく東京大学一校が開設された。

　各府県ともに学制の発布後直ちに管内を小学区に分けてここに小学校一校設けることを目標として学制の実施に当たった。その際、地域住民の努力、各地の学区取締の活動等は大きな推進力であった。

　これらの各府県の小学校の設立運営の経費は、管内各戸への賦課金、授業料、有志の寄付金等によったのであり、この点についても各地の住民には多くの経済的な負担がかかった。

2　明治12年（1879年）の学制の廃止と教育令の公布

　教育令の基本方策は、中央統轄による画一的な教育を改めて、教育行政の一部を地方に委任することであった（教育の地方分権の考え方）。そして、学制の重要な方策であった学区制を廃止し、府県に学校の運営をまかせることとされた。また、督学局学区取締による地方教育の統轄を改め、学務委員を町村住民の選挙によって決定するという方法が加えられた（教育委員会制度に似た方策）。

3　明治13年（1880年）の教育令の改正

　府知事、県令の権限を強めたり、文部省の行政力を強めて中央統轄の方策をたて、学校の設置や就学についての規程を強化して、学校教育が弱体化する傾向を改めようとした。即ち、学務委員は、町村人民が定員の2倍もしくは3倍を「推挙」し、府知事、県令がその中から選任することに改められた。また、町村立学校の教員の任免は、学務委員の申請により府知事、県令が行うこととされ、その俸給額は、府知事、県令が定めて文部卿の認可を受けることとされた。

　しかし、このように国の統制を強化した改正教育令において、国の補助金に関する条文は逆に削除され、経費の負担は市町村とされた（これは当時の国の財政事情によるもので、実際にこの修正に基づき小学校への国庫補助金は明治14年（1881年）6月限りで廃止されている）。

4　明治19年（1886年）の教育令の廃止と学校令の公布

　このうち、小学校令においては、尋常小学校（4年）を義務制とすることを明確に規定し、初めて就学の義務を明らかにした（義務教育制度の発

足)。なお、小学校は尋常小学校4年、高等小学校4年、併せて8年の学校であり、この点は学制以来変わっていない。

5 明治33年（1900年）の「市町村立小学校教育費国庫補助法」の制定

　この法律は、それ以前明治29年に制定された「市町村立小学校教員年功加俸国庫補助法」と明治32年に制定された「小学校教育費国庫補助法」の2つの法律を統一したものである。この2つの法律はいずれも小学校教員費に対する国の補助を規定したものである。その内容は、市町村立小学校教員の年功加俸（勤続年数による加給）及び市町村立尋常小学校教員の特別加俸（多級学級を受けもつ場合、交通不便な地域に在勤する場合の加給）であって、明治40年勅令第217号で、市町村立小学校教育費国庫補助法によって国から市町村へ配布する補助金と同額を道府県からも市町村に対し交付しなければならないと定め、補助金の半額は、市町村立小学校の本科正教員の数に、他の半額は、市町村立小学校の本科正教員にして5年以上同一府県内に勤務する者の数に比例して府県に配布することとされた。

　これらの法律は、いずれも教員の待遇改善を目的とするものであったが、すでに一部の市町村においては、教育費の財政に与える負担がようやく過重になってきたことが、その制定の理由の一半として挙げられている。

6 大正7年（1918年）の「市町村義務教育費国庫負担法」の制定

　小学校教育に要する経費を市町村に負担させることは、明治以来の不変の原則となっていたが、大正7年「市町村義務教育費国庫負担法」が制定

されて以来、国が積極的に小学校教育費の一部を負担し、年とともにその支出金額を増加してきたことは、小学校教育、特に義務教育に対する国の任務に関して、新しい考え方がでてきたものと見ることができる。即ち、小学校教育費について、国と地方の共同責任・共同負担という観念が導入された（国庫負担の観念が生まれた）訳である。

この考え方の背景には、明治40年（1907年）、小学校令の改正によって、義務教育年齢が延長され、義務教育の6年制が実施されたが、そのため市町村の教育費が非常に増加し市町村とりわけ町村がその負担に苦しんでおり、その軽減が急務であったことが挙げられる。

この法律案が提出された議会（第40議会）の記録によれば、この負担金の使命について、主として市町村財政の負担軽減にあるという主張と、もっぱら教員の優遇、教育の改善等に主眼を置くべきであるという主張とが、強く相対立していたということは興味深い。

7　昭和15年（1940年）の「義務教育費国庫負担法」の制定

昭和15年度において地方財政制度は全国的に改正され、これに伴い従来の市町村義務教育費国庫負担法も「義務教育費国庫負担法」（法律第22号）として、その内容にも画期的な大改正が加えられた。

即ち、この年度において、中央、地方を通ずる税制の改正が行われ、同時に地方財政調整制度が採用された。地方財政調整制度は、従来の臨時地方財政補給金を組織的に制度化したものであり、これによって従来とかく不明確であった国と地方との負担区分が改められた。義務教育費国庫負担制度の改正もその際大きな問題として取り上げられた。

この昭和15年度における義務教育費国庫負担制度改正の目的は、第1は、義務教育費のうち教員の俸給費の負担を従来の市町村から道府県に移したことであり、第2は、従来定額であった国庫の負担を道府県の実支弁

額の2分の1の定率負担に改めたことである。その理由とするところは、財政力に甚だしい格差のある市町村に対する国からの財政的な補給によるよりも、むしろ地域的に広くかつ財政力の強い道府県において義務教育費を負担しその道府県の支出額の一定割合を国が負担するという形式をとる方が、市町村の財政上の重圧を除きかつ給与水準の全国的な適正化ひいては教育の機会均等の確保に資すると考えられたからである。また、観念的に、義務教育については、国は地方と同等の利害関係をもち、また、責任をもつという前提をとる以上、国、地方の負担は本来同等であるべきはずであるという考え方があったのである。さらに、法制上からみても、小学校教員の任免は道府県知事が行い、その俸給は市町村が負担するということは矛盾すると考えられたからである。

　この教員俸給の道府県移管に伴って、市町村財政は実質的にも大幅に改善されることとなったので、道府県と市町村との間において財源の調整が行われた。すなわち、歳出の必要に応じて無制限に課税ができた戸数割は廃止され、その代わりとして新しく住民税が設けられ、これを道府県と市町村とで分かち合うことになったのであるが、これには一戸当たりの制限額が定められることになった。

　ただ、以上のような制度改正に当たっては、六大都市には強い反対があったことを付言しておかなければならない。

8　昭和23年（1948年）の「地方財政法」の制定

　その事務の執行による利害の帰属するところに従って国費、地方費の負担区分を決めていくという考え方がこの法律の制定によって初めて法律上統一的に明確にされた。

9　昭和24年（1949年）の「シャウプ勧告」に基づく「地方財政法」の改正

　行政責任明確化の原則に立って、これまでの経費負担区分論が否定された。シャウプ勧告の基本となる考え方は、①各種の事務事業は、国、都道府県又は市町村の段階の事務事業として責任を明確化すべきであること、②事務事業の執行に要する経費は、責任を有する行政主体が全額負担すべきであり、そのための財源は各行政主体に独立して与えられるべきであること、③したがって、ある行政事務について国と地方公共団体が責任を分担し合うような仕組みは行政責任が不明確になるため極力避けられなければならないこと、④そして、地方公共団体の財源が独立財源のみでは不足する場合は、地方財政平衡交付金によって一般財源を付与すべきであること、というものであった。

10　昭和25年（1950年）の「地方財政平衡交付金制度」の創設

　シャウプ勧告の趣旨に従って、奨励的補助金及び公共事業負担金を除く普通補助金負担金についてその存廃を検討し、地方財政平衡交付金に組み入れることとなった。その結果、義務教育費国庫負担金、児童福祉費国庫負担金等110種類350億円が一挙に廃止され地方財政平衡交付金に振り替えられた。しかし、生活保護費負担金等31種類192億円は存置された。
　その後、シャウプ勧告により設置された地方行政調査委員会議（神戸委員会）においては、国庫補助負担金のあり方について種々検討されたが、その根本であった行政事務の再配分の実現が見送られたことにより、同勧告のいう根本的な整理合理化は不徹底な結果に終わった。

11　昭和27年（1952年）の「地方財政法」の改正
　　（昭和28年から適用）

　国費、地方費の負担区分に関する新しい基準が確立され、それが現行法の基準となっているが、その内容は実質的にはシャウプ勧告前の地方財政法の考え方と変わりないものである。

　この基準に従って、いったん廃止された義務教育費国庫負担金及び児童福祉費国庫負担金は再び復活することになった。

　また、国庫負担金の対象となる経費について地方公共団体が負担することになる部分は、原則として地方財政平衡交付金法に代わって制定された地方交付税法の定めるところにより、地方公共団体に交付すべき地方交付税の額の算定に用いる基準財政需要額に算入し、地方負担分について財政的な保障をすることとされた。

第4節　地方分権一括法による義務教育に関する事務の改正について

1　地方分権一括法施行後も教育行政の分権化は不徹底

　地方分権一括法の施行に伴い、義務教育に関する事務を含め、都道府県教育委員会と市町村教育委員会相互間及び文部大臣との関係についても大きな改革がなされた。

　即ち、文部大臣と都道府県ないし市町村の教育委員会との間、及び都道府県教育委員会と市町村教育委員会相互間の関係についても機関委任事務制度は廃止された。また、関与についても都道府県や市町村の教育委員会の自主性・自立性をできるだけ尊重することを基本に、地方自治法に定め

る関与の一般原則に従うものとされ、また、地方教育行政の組織及び運営に関する法律等によるものについても最小限度の関与とされ、しかもできるだけ非権力的な関与にするという基本的な考えが示された（同法52条の文部大臣又は都道府県教育委員会の措置要求制度の削除等）。

　しかしながら、市町村立義務教育諸学校の教職員の任免その他の人事について都道府県教育委員会が所掌することについては変更がなく、また、その人件費についての国庫負担金制度（国と県とが2分の1ずつ負担）についても変更がなかった。

　確かに、この地方分権一括法によって、地方教育行政の組織及び運営に関する法律49条は削除され、市町村教育委員会所管の学校等に係る組織編制、教育課程、教材の取扱いその他学校等の管理運営の基本的事項について、都道府県教育委員会がもっていた基準の設定権は無くなった。また、公立義務教育諸学校の学級編成及び教職員定数の標準に関する法律第5条も改正され、従来、市町村教育委員会は、毎学年、学級編成について、あらかじめ都道府県教育委員会の認可を受けなければならないとされていたが、「認可」ではなく、「同意」を得なければならない「協議」に改められた。

　このような法律改正がなされたにもかかわらず、市町村教育委員会の学級編成の決定や都道府県教育委員会の教職員定数の決定に関する基本的な枠組みは、国が義務教育費国庫負担を決めるに当たって国が決める学級編成ひいては教職員定数の標準に基づいて算定されるという点が変わっていないがゆえに、地方公共団体の自主性、自立性を大きく制約する結果になっており、その結果、教育の地方分権は、中途半端な形に終わっているのである。

　しかも、ここで留意しておきたいのは、この地方分権改革は、市町村優先主義を基本的な考え方にするものではなかった点である。即ち、都道府県主義に置き換わったにすぎないともいえる。なぜならば、教育行政分野

での機関委任事務の廃止に伴う権限委譲や自治事務化の多くは、都道府県教育委員会にとどまるのが大半で、市町村教育委員会への権限委譲は、極めて限られたままになっているのである。これでは、教育行政の分権化といっても、実質的には国に代わって都道府県が市町村の上位団体となったという批判が出てくるのもやむを得ない。

2　義務教育についての市町村優先主義と市町村税源の充実の必要性

　地方分権改革における役割分担原則の基本理念を徹底させ、しかも、行政責任明確化原則を併せて考えると、行政責任に関する二重責任や二重利害説といった考え方は排除されるべきということになる。この考え方の下では、義務教育行政についてはその事務処理の権限、責任は基本的には市町村（教育委員会）に与えられるべきであるということになる。したがって、小中学校の学級編成や教職員の配置についても、市町村教育委員会の裁量に委ねるべきということになる。

　しかしながら、この考え方を貫くためには、その経費についてもその全額を市町村が負担するべきであるということになるが、給与費を含む義務教育費は市町村財政にとって大きなウエイトを占める。市町村にその財源をどのような形で保障するか、果たして保障することができるかによっては、市町村責任といっても形式的なものになってしまう。しからばどうしたらよいのかを考えた場合には、その裏付けとなる市町村に対する財源保障は、やはり、市町村税源の充実・確保をいかに図るかが最重要課題になる。そして、市町村税源だけではどうしても不足する場合、また、市町村間の経済力の格差、ひいては財政力の格差を是正するために、市町村税源を補完するものとして、一般財源である地方交付税によるのが望ましいと考えられる。

　市町村税源の充実・確保の方策については、国税・地方税を通じた全租

税体系の中で考えられるべきであることはもちろんであるが、国税から地方税への税源移譲については様々な提言がなされているので、次章においては、現行の道府県税と市町村税の税体系の中での税源の再配分を中心に、役割分担原則と行政責任明確化原則に沿うためにはどうしたらよいのかについて検討することとしたい。

第9章 地方分権の基本理念に沿った道府県税と市町村税の再編・合理化

　次に述べるのは、筆者が、雑誌『税』の平成17年（2005年）11月号に掲載していただいたものをベースに、その後の税制改正の状況を踏まえて加筆したものである。この雑誌は、「特集　税源移譲後の個人住民税―そのあるべき姿を考える」という題名の下で編集されたが、その税源の移譲についての新たな視点を提供する意味から、本章の標題の下で、筆者の大胆な税源再配分のシミュレーションを試みたものである。

　その趣旨は、税源の再配分の見直しを考えるに当たって、国と地方公共団体の間だけではなく、道府県と市町村の間の税源配分をも見直すべきであることを提言したものである。

　道府県と市町村の税源配分を根本的に見直すべき時期が来たこと、その基本理念は、シャウプ勧告の市町村優先の原則に立ち返るべきであるとし、見直しに当たってシャウプ三原則のほかに筆者が考えた四原則を立てた。

　そして現行の税目の一つひとつを取り上げてそれぞれの税目の性格・趣旨等を考えた後、かなり大胆な税源再配分のシミュレーションを行った。

　結論的には、義務教育費・生活保護費等の国庫負担金を規定している地方財政法10条を廃止することが可能であるというものである。市町村の全責任でこれらの事務を行い、その経費はすべて市町村の自主税源である

市町村税で賄えるというものである。

　指定都市のみを取り出して議論をしたものではないが、指定都市の行財政能力をもってすれば、これらの事務のみならず、大都市に要求されているその他の多様な行政サービスにも対応できるということも示した結果になっている。

第1節　問題の所在

　シャウプ勧告が出されてから今年で約60年経過しているが、その間、道府県税と市町村税の体系が根本的に見直されたことはない。もちろん毎年度の地方税制の改正に当たってはその時代に対応する税制のあり方について真剣に議論されてきたことは認めるが、所詮、対症療法的でしかなかったといわざるを得ない。わが国の発展、幾度か訪れた財政危機の中で、それらの改正は収入確保を優先とした税源探しに終始しており、「地方自治の本旨」ないし市町村優先主義の基本理念にまで立ち返った議論は深められてこなかったように思われる。

　道府県税・市町村税を通じた税目の多さ、課税標準の重複化、道府県税の一部の交付金化項目の多さ、最近では暫定的な所得譲与税の創設である。これらの現行地方税財政制度は、住民にとって受益と負担の対応意識を希薄化させている。（筆者は地方公共団体の議会でこの点が議論されたことを一度も聞いたことがない。歳入の論議はほとんどなく、もっぱら歳出をどこに振り向けるのが適当かという議論、すなわち資源の再配分の議論に終始している感がある。別に超過課税を薦めるわけではないが、標準税率が定められている税目については、疑いもなく標準税率を所与のものと受け止め、毎年度の税収入のあり方は財政需要額の変動とは切り離された議論がなされていることが多かった。別の言葉でいえば、受益と負担が

対応していなかったといえる。)

　なお、最近の税源確保の論議の中では、徴収率の確保の問題は後退した感がある。しかし、例えば、平成15年度の市町村税収額は、総額で18,972,584百万円であるが、徴収率は91.8％に過ぎない。仮に、徴収率が95％になれば661,353百万円の税源が新たに生み出されるのと同じ効果がある。

　この雑誌の特集では、三位一体改革のための「個人住民税のあるべき姿」についての提言が求められている。このことについても、若干、後述するが、現行地方税制の再編・合理化を考えることなしに、この課題に言及してもかえって現行地方税制の歪みを増幅させるだけであり、地方自治の基本理念は損なわれる恐れがある。

　そこで、以下では、地方自治の理想像を追求したシャウプ勧告の基本理念を基に、地方行財政を通じたルール（仮説）を立てて、とりわけ道府県税と市町村税の再編・合理化のあり方を模索するとともに、再編後の税収入額の姿をシミュレーションすることとしたい。

第2節　最近の大きな変化と地方行財政を通じたルール（仮説）の設定

1　2つの大きな変化

　最近の大きな変化の第一は、平成12年のいわゆる地方分権一括法の施行である。機関委任事務制度が廃止され、国の関与の縮減合理化の道が打ち立てられた。しかし、新しい事務区分のうち「地域における事務」と「法定受託事務」の関係、「法定受託事務」の定義の不明確性を指摘する学者もいる。国の関与の度合いが強い「法定受託事務」の割合が多い等地方

分権を妨げる火種が残ったともいえるが、この問題についてはこれ以上は立ち入らない。

　大きな変化の第二は、平成の市町村大合併である。平成17年度末の市町村数は1,820となっている。平成11年3月末の市町村数が3,232あったことを考えると、合併の必要性を市町村自身が痛感していた証拠であり、移行期の問題はあるものの、合併を通じて行財政は効率・合理化されていくものと思われる。さらに重要なのは、都道府県のあり方であるが、これについては都道府県合併の手続きについて若干の制度改正はあったものの道州制を含め将来のヴィジョンは未だ具体化されていない。

　市町村合併が進み市町村の規模が大きくなってきているにもかかわらず、都道府県については、例えば、平成15年度決算額で歳出総額は48,917,026百万円、平成16年4月1日現在の職員数は152万237人と、その役割分担は依然として大きい。平成12年の地方分権一括法の施行によって地方自治法の中にいわゆる補充性の原則が明文化され市町村優先の原則が打ち立てられたにもかかわらず、現実の姿は、この地方自治法上の役割分担原則に悖るような実態である。

2　地方行財政を通じたルール（仮説）の設定

　今後の地方行財政のあり方を考える場合には、やはり、次のシャウプ勧告の三原則がものさしになると思われる。

① 　行政責任明確化の原則
② 　効率化の原則
③ 　市町村優先の原則

　シャウプ勧告の優れた点は、上記三原則を、国・都道府県・市町村間の事務配分、経費の負担区分、税源配分に貫いたことである。これらの原則との関係で一番問題になるのは、現行地方財政法10条の規定が温存され

ていることである。同条各号に掲げる経費は「国と地方公共団体の相互に利害がある事務」にかかる経費として国庫負担金の根拠になっている。これが上記①の「一事務一団体の原則」に悖ることは明らかであり、今日の三位一体改革の大きな障害になっている。

なお、シャウプ勧告とそれに続く神戸勧告によって、昭和25年度の地方財政法においては、義務教育費、生活保護費、児童保護費等は、全額市町村経費とされ、その経費を賄うべく税源配分がなされたことに留意する必要がある。しかし、この点の分析については、これ以上は立ち入らない。

上記①、②、③の三原則を、道府県税と市町村税の再編に係る基本理念とすると、さらに次の四原則が出てくる。

④　道府県税と市町村税の税目をできるだけ少なくする。
⑤　1つの税目は道府県又は市町村のいずれかの税目とする。
⑥　道府県税と市町村税の各税目の課税標準の重複は避ける。
⑦　市町村税の税源の拡充をする。

第3節　道府県税と市町村税の税目ごとの再編の検討に当たっての前提ないし条件

1　地方税の徴収率の引き上げの必要性

第1節において市町村税全体の徴収率について少し触れたが、道府県税、市町村税を通じて徴収率が低いことは大きな問題である。平成15年度の道府県税全体を通ずる徴収率は95.3％である。そのうち特に低いのは、個人道府県民税の90.8％、個人事業税の89.5％、不動産取得税の85.4％である。市町村税の税目のうちで特に低いのは、市町村民税所得割の

91.1％、固定資産税の90.8％、軽自動車税の89.7％、都市計画税の90.8％である。

徴収率が低いのは、表面的には、現年課税分ではなく、滞納繰越分が大変低いためである。道府県税については、現年課税分が98.6％に対して滞納繰越分は22.3％、市町村税については、現年課税分が98.0％に対して、滞納繰越分が17.5％である。滞納繰越分が足をひっぱっているのである。しかし、現年課税分にも大きな問題がある。現年課税分の0.1％は、道府県税で14,249百万円、市町村税で20,667百万円に相当するほど大きな額であり、これが徴収されなくなるとその分は翌年度の滞納繰越分に変わり、徴収はさらに難しさを増すことになる。

道府県、市町村とも徴収率の確保については職員の確保、委託、事務処理の効率化等相当努力しているものと思われる。そうだとすると、徴収率が低いのは、個々の税目の制度に内在する問題点や、受益と負担が不透明・不明確になっている現在の道府県税・市町村税の制度の複雑さのゆえに住民の理解・協力の度合いが低くなっていることに原因を求めざるを得ない。

2　地方歳出全体の見直しの必要性

次の第4節において、道府県税と市町村税について、各税目の性格、沿革等を見ながら、道府県税と市町村税の各税目の大胆な統合・再編を行い、それが道府県税収入額と市町村税収入額にどのくらいの変動を与えるか、またその変動額はどのような意味をもっているかについて検討を行っている。

しかしながら、この統合・再編の検討の基礎数値は、平成15年度の道府県及び市町村の歳入歳出決算額であり、あるべき姿を基にした歳入歳出額ではない。

21世紀の地方公共団体は、(国の行政と同様であるが)新しい行政の基本理念を導入しなければならない。それは、一言で言えば、地方分権下であっても「小さな政府」ということになるかもしれない。いずれにしても、これまでの行政の進め方を根本的に見直し、徹底的な無駄の排除、効率性の追求が求められている。

1つの例示的な数字を挙げるならば、平成15年度の地方財政計画の歳出総額は、86兆2,107億円であったのに対して、同年度の歳出決算総額は92兆5,818億円であった。この乖離額は、6兆3,711億円である。地方財政計画は、歳入・歳出額とも単年度主義で見積もられ、事業繰越や剰余金の繰越、積立金の積立てあるいは取崩しなど年度間にまたがる財政的処理の概念を排除して、あるべき姿を念頭において計算した計画額である。したがって、地方財政計画額と現実の歳入歳出決算額を単純に比較するのは問題がある。また、地方財政計画額の算定のあり方にも種々の問題がある。しかしながら、これらの点を差し引いても、両者の額にこれほど大きな乖離があることは、現在の地方行政を、無駄の排除、効率性の追求の観点から徹底的に見直す必要があることが示唆されているということができる。

上記の点の重要性は十分認識しながらも、そのあるべき歳入歳出額の予測が困難であるので、以下では、道府県税と市町村税の税目の再編の検討に当たって、現実の平成15年度の歳入歳出決算額を基にしたことをあらかじめ断っておきたい。

3 地方税源とりわけ市町村税源の拡充の必要性

シャウプ勧告及び現行の地方自治法の役割分担原則規定からすると、地方自治の強化のためには、地方税源、とりわけ市町村税源の拡充・強化が求められる。「中央から地方へ」は税源についても「中央・道府県から市町村へ」である。

平成15年度の市町村の歳入決算総額に占める税収入額の割合は33.7％である。したがって、国全体の税源の再配分の問題については、ここで述べるような道府県税と市町村税間の再編合理化ではなく、国及び道府県から市町村への税源移譲が問題である。しかし、国から地方への税源移譲というテーマについては、これまで多くの論議がなされてきている。この点が重要であることは、筆者も同感である。しかしながら、市町村を地方公共団体の中に埋没した議論では、国、道府県、市町村間の事務配分、経費の負担区分、税源配分を一貫して考えるという地方自治の中心である市町村優先主義の議論が出てこない恐れがある。

　したがって、以下では、国から地方公共団体への税源の再配分論議の重要性を十分認めながらも、上記のような意味で筆者自身が設定したテーマに制約されたことを説明しておかなければならない。筆者は、単に、市町村税収入額の占める割合で示される地方自治よりも、事務配分、経費の負担区分を含めた市町村優先主義という構造そのものの強化を図る観点を重視しているのである。

第4節　道府県税・市町村税の税目ごとの再編の検討

1　市町村税源充実の必要性とその規模

　第2節の2で述べたルール（仮説）は、地方自治の基本理念から来るものであるが、その具体的な財政需要の規模はどのくらいになるであろうか。

　平成15年度決算で見ると、国庫支出金の状況は義務教育費2,738,638百万円、生活保護費1,803,426百万円、児童保護費701,553百万円、結核医療費7,440百万円、精神衛生費47,822百万円、老人保護費70,500百万円であり、これらの合計は、5,369,378百万円になる。これらの事務が

もっぱら市町村の事務となり、市町村が全額その経費をその税収で負担することが第2節の2のルール（仮説）に沿うとするならば、あるべき道府県税と市町村税の再編をした場合に、市町村はその税源で賄うことができるのであろうか。現在、地方公共団体への国税からの税源移譲の可否、税目、規模はどうかということがもっぱら議論されているが、道府県から市町村への税源移譲は議論されている形跡はない。道府県と市町村とをまとめて地方公共団体として、国から地方公共団体への税源移譲が議論されているとすれば、それは、地方自治にとって、別の歪みを生じさせることになる。市町村優先主義は貫かれなくなる恐れがでてくる。そこで、筆者は、あえて道府県税と市町村税のあり方、その再編について次に述べるように、税目ごとに道府県税又は市町村税のいずれにすべきかについて再検討し、同時にその結果数字的にどのような姿になるかを示すことにしたい。

2　税目ごとの再編の検討

（1）住民税の一本化と制度の改正

　シャウプ勧告に基づく地方税制の改革は、道府県税は付加価値税を柱に個別の流通税・消費税を配分し、市町村税は住民税・固定資産税を柱にするというものであった。しかし、住民税については、昭和29年に市町村民税の一部を道府県に移譲して道府県民税が創設された。

　これまでの地方行政は道府県中心的な考え方が強くそのため道府県の税源の確保が優先されてきた。しかし、シャウプ勧告に立ち返って第2節の2で述べた⑤、⑥、⑦の原則に基づくならば、道府県民税は廃止し、この税源分を市町村民税に一本化することが望ましいことになる。

　個人住民税は、所得を課税標準として課税するという意味で所得税と同種の税であるが、所得再分配の機能をもちそれを大きな特徴の1つとしている所得税と異なり、比較的狭い地域社会の費用を住民がその能力に応じ

て広く負担する性格をもっている税である。このような意味で、個人住民税は固定資産税と共に、地方自治の基本に最もよく沿うものであり、税収についても市町村税の中の基幹税目となっているが、現在の制度については次のような問題点がある。

(ア) 各種所得控除については、それぞれの額は所得税の場合よりも若干ずつ低くなっているが、同種類のものが控除されることになっており、所得税の所得計算の構造とほとんど変わりがない。

(イ) 譲渡所得等の分離課税制度についてもほとんど同じ構造になっている。

(ウ) 前年所得課税方式を採用している（退職所得を除く）。

このような課税方式になっているため、個人住民税は所得税と同じく人税的性格が依然として強く、実質的には所得税の付加税であるという見方が出てくる。しかもこのことから市町村税としての負担分任的性格を後退させる傾向を生じさせやすくすることにつながる。住民としても二重課税を受けている感じをもつことになり、地方行政のレベルにおいて、受益と負担の対応の議論をしにくくしている。また、個人住民税については所得税の影響を遮断しその自主性を確保しなければならないという議論は強いにもかかわらず、現実には、例えば、個人住民税の課税最低限が所得税の課税最低限に引きずられる結果を招来している。

一般的に、地方税の課税に当たっては「薄く広く」ということが住民にとっても望ましいと考えられるし、他方、時間的な意味でも受益と負担の対応の感覚にズレをなくすことが望ましいと考えるならば、前述したような個人住民税の現在の仕組みは根本的な問題を含んでいるといえる。

したがって、その改革の方向としては、

(エ) 所得金額の計算に当たっては課税ベースをできるだけ広くする方式に改める。

(オ) 現年課税方式に改める。

（カ）政策的な譲渡所得等の分離課税制度については、可能な限り総合課税方式に改める。

　このうち（エ）については、所得税の総所得金額等から基礎控除、配偶者控除、扶養控除だけを控除した金額を課税標準とする方式、あるいは、この方式からさらに所得税額を控除した金額を課税標準とする方式に改めることによって、住民税の独自性の強化を図ることが考えられる。

　また、（オ）については、これまで、特別徴収義務者の徴収事務、給与所得者以外の者に係る申告手続きが複雑になり、事務負担の増加等の技術上の問題が生じてくるのは大きな問題であること、また、（オ）への変更年度においてどうするか等の問題点も指摘されているところであるが、これらの問題については、国と地方公共団体とのより緊密な協力はもちろんのこと、納税義務者、特別徴収義務者の協力や、情報処理技術の活用等によって解決することができるのではないかと考える。

　また、（カ）の問題のうち、利子所得等に対しては、現在、道府県民税利子割等として課税されているが、前述のように、道府県民税を市町村民税に一本化することに併せて、道府県民税利子割等も市町村民税に吸収される。道府県民税利子割は、現在、金融機関所在地課税等とされているが、これを本来の住所地課税に改める必要性がある。これについても徴収技術上の問題が出てくるが情報処理技術の活用等によって解決できると考える。

　なお、シャウプ勧告の考えを貫くならば、法人住民税は廃止されることが望ましいが、市町村行政サービスの受益に対応する負担分として、事業税の完全外形標準課税化とバランスを取る形で、また、税収確保の必要性の観点から、住民税の法人税割は、このまま存置することとする。

（2）法人事業税・地方消費税の問題点

　法人事業税は、現在、全課税標準のうち外形標準課税（付加価値割と資

本割）になっている割合は4分の1に過ぎなく、残りの4分の3は所得による課税（所得割）であり、その納税義務者も資本金1億円超の大法人のみである。

　将来的には、全法人について、しかも全課税標準を外形標準課税にすることが望ましい。法人事業税が、法人税とも住民税とも異なる応益原則に基づく道府県税であるというこの税の性格の明確化を図る必要があるからである。

　地方消費税は道府県税と位置づけられながら、実質的には、国の消費税の付加税である。現在の形が望ましいわけではない。付加税化は避けなければならず、近い将来、別の方式に転換するべきである。もう1つの問題は、法人事業税の完全外形標準課税化が実現すると問題がさらに明らかになるのであるが、その場合の法人事業税と現在の地方消費税は、ともに事業者を納税義務者にする付加価値税であるという部分の重なりが大きくなり、付加価値の計算方式が加算型か控除型かの違いがあるだけになるという点である。この場合の両税をもって直ちに二重課税といっていいかどうかについては論議のあるところであろうが、そのような懸念があることからも、現在の地方消費税の課税標準、税額の計算の仕方には問題があるが、ここでは問題点の指摘にとどめる。

　法人事業税、地方消費税には上記のような課題があるが、再編の検討に当たっては、事業税、地方消費税についてはともに道府県税として存置することが望ましい。なお、受益と負担の対応原則から、地方消費税交付金は廃止した方がよい。

（3）不動産取得税の廃止・固定資産税への吸収

　不動産取得税は、シャウプ勧告を受けていったん廃止されたが、昭和29年に再び道府県税として導入された。不動産を取得するという比較的担税力のある機会に相当の税負担を求めるとするものであるが、導入当時

も国会答弁の中で「固定資産税の前取り」という説明もされている。固定資産税との競合という批判も根強い。前述の④、⑤、⑥、⑦のルールから、固定資産税に吸収・統合して市町村税化することが望ましい。

なお、道府県固定資産税については、大規模の償却資産所在の市町村への税源偏在の是正を図るために設けられたものであるが、市町村合併の進展に伴いその存在理由が薄れてきていること、道府県の税源として存在するほどの大きさではないこと等から、廃止するのが望ましい。

（4）自動車税・軽自動車税の統合・市町村税化と自動車取得税の廃止

現在、自動車税は道府県の普通税、軽自動車税は市町村の普通税とされているのは、沿革的な理由によるものである。これら両税の性格は、土地、家屋、船舶等の財産に固定資産税が課されているのと同じように、耐久消費財・減価償却資産である自動車という財産の所有に担税力を見いだして課税される財産税の一種であるとともに、道路損傷負担金的性格をもっている。しかし、後者の性格をもっているといっても、燃料消費量に応じて課税される道路目的税ほど、道路行政との間に密接な受益負担関係はない。むしろ、普通税たるゆえんは、道路を利用して様々な事業活動や日常生活が行われているという一般的な行政サービスとの受益負担関係が認められるからという理由の方が強い。市町村道の整備が遅れていること、社会福祉・保健衛生等市町村の行政サービスの拡充強化が求められていること等からして、独立税のまま残すとしても、市町村税としての固定資産税と同様の性格をもつものとして、普通税であり直接税である道府県税としての自動車税は、まったく同一の性格をもつ軽自動車税と統合して、市町村税とすることが望ましい。

他方、自動車取得税は、シャウプ勧告によって、いったん廃止されたが、その後いくつかの府県において法定外普通税として導入されていたのをやめさせて、昭和43年に法定税化して、道府県・市町村の道路目的財

源に充てるための道府県目的税として導入された。目的税とはいえ、「自動車税の前取り」という性格をもつとともに、道路目的財源のあり方が見直されるべき時期に来ている。上記のように、自動車税と軽自動車税とを統合して市町村税にすることに併せて自動車取得税は廃止することが望ましい。

なお、自動車取得税交付金制度はこれに併せて廃止することになる。

(5) 市町村たばこ税を道府県たばこ税に統合・一本化

たばこ税は、国、道府県、市町村が、同一の税源である製造たばこに対してたばこの本数当たりの税率（従量税）を配分する形で課税している。国のたばこ税から見ると、地方たばこ税は付加税である。また、現在、地方たばこ税の配分は道府県よりも市町村により多く配分されているが、これは沿革的なものである。たばこ税は、税収の確保と消費の抑制という矛盾する性格が同居しており、税収の増大を図るという点では今後あまり期待できない税目である。また、道府県と市町村のいずれの行政サービスとより密接な関係をもっているとも断定できない。むしろ、個別消費税である地方たばこ税は一般消費税である地方消費税の上乗せという形がとられていること、地方消費課税は市町村よりも道府県に税源配分を一本化した方がよいという考え方をとれば、市町村たばこ税を道府県たばこ税に吸収・一本化することが望ましいということになる。

(6) その他の税源・道府県交付金の取扱い

(ア) ゴルフ場利用税

ゴルフ場利用税は、ゴルフ場の利用行為に対してゴルフ場の利用者を納税義務者として課税されている道府県の普通税である。これまで、ゴルフ以外のスポーツ競技に対する課税との均衡が問題とされ、様々な改正を経て現行の姿になっている。また、道府県行政サービスと市町村行政サービ

スのいずれにも関係しているといえるのであるが、前述の④及び⑤のルールから、道府県の普通税として存置し、ゴルフ場利用税交付金制度は廃止するのが望ましい。

　（イ）鉱区税と鉱産税

　前者は鉱業権に着目した一種の特権税の性格をもち、鉱区の面積を課税標準として課される道府県税であり、後者は、鉱山が所在するための特別の財政需要を考慮して鉱物の価格を課税標準として課される市町村税である。いずれも普通税である。今回は、これらの税の性格、沿革にかんがみ再編成しないこととする。

　（ウ）狩猟者登録税と入猟税

　前者は普通税、後者は目的税であり、いずれも道府県税である。両税の関係は固定資産税と都市計画税の関係に類似している。しかし、都市計画税は任意税である点が、必ず課税される入猟税と異なる。平成16年の改正で、両者は廃止され、新たに目的税である狩猟税が創設された。道府県税の位置づけは変わらない。

　（エ）軽油引取税

　道路目的税であり燃料課税であるが道路目的財源のあり方を検討する中でどのように位置づけるか議論されるべき時期にきている。今回は、軽油引取税交付金制度と共に存置することとする。

　（オ）特別土地保有税

　普通税であり、固定資産税の補完税であるが、土地政策税制の１つである。特別土地保有税は昭和48年度に土地投機の抑制及び土地供給の促進を目的として創設されたが、その後逐次の改正を経て未利用地の有効利用を促進する市町村税として位置づけられるものとなっていた。しかしながらバブル期が過ぎてむしろ資産デフレが進行する中で、土地の利用価値を重視する方向への土地市場の構造変化など土地市場をめぐる諸情勢に対応する観点から、土地流通に関する税負担を軽減することとされ、特別土地

保有税に関しては、平成15年度以降はその取得分のみならず保有分も含め、新たな課税は行わないこととされた。このことを簡潔にいうとすれば特別保有税は平成15年度以降は「凍結」されたということができる。

しかしながら、税源再配分のためのシミュレーションにおいては、決算統計上に表れた特別土地保有税の税収については市町村税源として存置したままで計算することとした。

（カ）入湯税、事業所税、都市計画税、水利地益税

いずれも、市町村の目的税であり、今回はこのまま存置することとする。

（キ）道府県・市町村の法定外普通税・同目的税

今回はこのまま存置する。

3　税源再編後の姿及びシミュレーション

前項で検討した税目ごとの再編の結果を、平成15年度地方税収入決算額を基に、図表化すると、表9-1、9-2のとおりである。

表9-1　道府県税

（単位：％・百万円）

区　　分	平成15年徴収率	平成15年収入額	増減額	再編後
道 府 県 民 税	93.2	3,273,427	-3,273,427	0
事　業　税	98.2	3,845,825		3,845,825
地 方 消 費 税		2,393,582		2,393,582
不 動 産 取 得 税	85.4	480,500	-480,500	0
道 府 県 た ば こ 税	100.0	277,815		277,815
市町村たばこ税			853,752	853,752
ゴルフ場利用税	96.6	69,076		69,076
自　動　車　税	95.1	1,746,275	-1,746,275	0
鉱　区　税	91.1	418		418

狩猟者登録税	100.0	1,587		1,587
道府県固定資産税	99.9	15,488	-15,488	0
法定外普通税	100.0	35,076		35,076
自動車取得税	99.9	447,269	-477,269	0
軽油引取税	94.4	1,102,487		1,102,487
入猟税	100.0	1,154		1,154
法定外目的税	99.6	2,891		2,891
旧法による税	6.2	274		274
小　　　計	95.3	13,693,114	-5,109,207	8,583,937

表9-2　市町村税

区　分	平成15年徴収率	平成15年収入額	増減額	再編後
市町村民税	92.7	7,636,615		7,636,615
道府県民税			3,273,427	3,273,427
固定資産税	90.8	8,766,857		8,766,857
道府県固定資産税			15,488	15,488
市町村たばこ税	99.9	853,752	-853,752	0
軽自動車税	89.7	140,523		140,523
自動車税			1,746,275	1,746,275
鉱産税	99.9	1,430		1,430
特別土地保有税	14.1	9,123		9,123
法定外普通税	86.8	610		610
入湯税	94.3	25,209		25,209
事業所税	98.3	298,607		298,607
都市計画税	97.9	1,239,211		1,239,211
水利地益税	100.0	95		95
法定外目的税	100.0	551		551
小　　　計	91.8	18,972,584	4,181,438	23,154,022
合　　　計		32,665,727	-927,769	31,737,959

市町村優先主義、受益と負担の対応の明確化の見地から現行の道府県税と市町村税を再編・合理化した結果、上表のように、普通税・目的税を合わせると、市町村税収入額は、約4兆2,000億円の増加となり、道府県税収入額は約5兆1,000億円の減少となる。前述したように、地方財政法10条の経費の負担区分規定を廃止し、国庫負担金によらずして同条各号の経費を市町村で賄うとすれば市町村全体で約5兆4,000億円が必要とされる。つまり、市町村全体としては約1兆2,000億円の税収入額が不足することになる。
　この不足額は、ちょうど市町村が現在の市町村税の徴収率を現在水準よりも98％に引き上げた場合の税収入増額分と一致する。
　また、この不足額の大部分は、再編で廃止することとした不動産取得税（道府県普通税）と自動車取得税（道府県目的税）の税収分である。
　他方、見方を変えれば、市町村の固定資産税の税率1.4％を1.5％に引き上げると、約6,000億円の増収になる。残り約6,000億円について市町村住民税で賄うとしても現行の税率の引き上げは小幅にとどまると考えてよい。
　しかし、以上の論議は、あくまで市町村全体を見た場合のマクロの姿として、地方財政法10条を廃止した場合でも、道府県と市町村の税目の再編をする中で、市町村の税収入で賄うことができることを見たわけである。個々の市町村間には相当の財政力の格差がある。その財政力の均衡化と財源の保障機能は、地方交付税制度に求められるべき問題である。
　筆者は、地方交付税の財源確保についても、もう一度シャウプ勧告の「地方財政平衡交付金制度」の考え方に近づける必要があると考えるとともに、徴収率を引き上げるインセンティブを与えるためにも基準税率を75％から70％に引き下げるべきと考えており、また、地方交付税制度の基準財政需要額の算定方式を大幅に簡素化する必要があると考えるが、これらの点についてはここではこれ以上は立ち入らないこととする。

また、現在の地方譲与税が、市町村の一般財源分として約5,200億円あるが、今回のシミュレーションの検討の対象外においたことを付言しておく。

第5節　まとめ

　以上の分析を振り返ってみれば、今回のシミュレーションのように、道府県税収を約5兆1,000億円も一挙に縮減することが現実的でないことも、市町村税全体の現在の徴収率91.8%を98%まで引き上げることが容易でないことも承知している。また、市町村税収全体の46.2%を占めている市町村の基幹税である固定資産税の標準税率1.4%を1.5%に引き上げることについても種々の観点からの検討が必要である。

　しかし、マクロ的な数値で見ると、現在の都道府県と市町村の関係は、平成15年度の都道府県の歳出決算規模約48兆9,000億円、市町村の歳出決算規模約49兆8,000億円とほぼ拮抗している。都道府県の歳出決算規模が大きい原因は、義務教育費の約半分を都道府県が負担しているからであり、また、その原因は、義務教育職員のほとんどは都道府県の身分を有しているからである。即ち、義務教育については、現行法体系の中では、国、都道府県、市町村の役割分担が明確に区分されていない。つまり、現行法上は、国、都道府県、市町村のいずれにも責任があるとされている。そのことが、地方財政法10条が規定しているように義務教育職員の給与に要する経費については国も負担するとされていることにつながっているわけである。

　しかしながら、この義務教育職員の給与に要する経費の負担区分のように、国と地方公共団体相互の利害に関係がある事務であるという理由で国と地方公共団体双方が負担し合うようになることは、責任の所在を不明確にし、ひいては住民にとって受益と負担の関係を不明確にすることにな

る。そのことによって住民自治の基本が崩されることになる。シャウプ勧告はこの点を一番危惧したのであり、同勧告は、義務教育を含めて市町村優先主義を基にした役割分担原則を貫徹するよう求め、いったんは同勧告通りに実定法化され、地方財政法10条に相当する規定も削除されたのであった。

その後、このシャウプ勧告の基本理念は後退を余儀なくされ、地方財政法10条の規定も復活して現在に至っている。しかしながら、「国から地方へ」の考え方の下で地方分権の推進が強力に進められ、平成12年のいわゆる地方分権一括法の施行によって地方自治法が改正され、シャウプ勧告の基本理念である市町村優先主義を基本にした役割分担原則が明文化されることになった。しかしながら、この基本理念は地方税財政制度を改正するところまでには至らず、地方財政法10条は存置されたままになっているのである。道府県と市町村を比較した場合、数値的にも、これまで見てきたように税収規模、財政規模を見る限り、この原則に沿ったものとはなっていない。

三位一体の改革及びその後の第二次地方分権改革の議論の中で国庫補助負担金の整理・合理化、国税の地方税への税源移譲が議論されていることは望ましいことである。しかし、その議論の中では、国と地方公共団体間の関係というように、地方公共団体がひとくくりに議論されている感がある。補充性の原則に基づく役割分担原則を貫くならば、道府県と市町村の関係が、事務や権限の配分・経費負担のあり方やそれらに基づく税源の再配分の問題について、もっと根本の考え方に立ち返って議論されるべきであると考える。そしてその結果が、税収入額や財政規模に反映されるようになってほしいと望んでいるところである。そうでなければ、各種行政の地方分権化といっても、実質的には中央集権主義に代わって道府県主義になるという危険性がある。本章において、国から地方公共団体への税源移譲のあり方というテーマを離れて、あえて道府県と市町村間の現行税制上

の税源再編を試みたゆえんである。

　なお、シャウプ勧告は、その第二次勧告の付属書において、基準税率を70％に置いて、地方財制平衡交付金制度を組み立てている。

　地方税源とりわけ市町村税源の拡充強化をいくら図っても、個々の市町村の財政力の格差が解消されるわけではない。地方交付税制度が必要とされるゆえんである。本章では、市町村税の充実強化を目的にした税源の再配分論を展開してきたが、地方交付税の役割を無視した論議は片手落ちである。しかしながら、現行の地方交付税制度には改善すべき点が多く見られるので、以下少しこの点に触れておきたい。

　平成15年度の地方交付税総額（地方特例交付金を含む。）は、19兆755億円という巨額であり、そのうち道府県分が10兆3,298億円（54.2％）、市町村分が8兆7,457億円（45.8％）である。歳入総額に占める割合は、道府県が20.7％、市町村が17.1％と、いずれも大きい。

　このように歳入総額に占める割合が大きいということは、たとえ地方交付税は使途が特定されていない一般財源であり、地方公共団体に固有な共有財源だと説明されても、様々な弊害を発生させている。第一は、地方交付税はあくまで国からの交付金であるから、実質的には地方公共団体にとっては依存財源であることに変わりはない。地方交付税の算定は客観的な基準に基づいているとしても、国が一方的に決定して交付するものであり、その基準財政需要額の算定方式はあまりにも複雑、難解であり、地方公共団体の職員にとっては到底理解できない構造になっている。第二は、地方交付税収入の割合が大きな地方公共団体にとっては、その団体の長期的にはもちろん短期的な財政計画を作成することをも困難にさせていることである。第三は、地方交付税の総額確保の方式そのものである。シャウプ勧告に基づく昭和25年の「地方財政平衡交付金制度」を廃止し、昭和29年の「地方交付税制度」にしたのは、国と地方公共団体間に財政需要額の見積もりについて大きな隔たりがありその溝を容易に埋めることがで

きなかったこと、特定の国税の一定割合とした方が地方公共団体にとっても財源の確保が容易であるという理由からであった。しかし、地方公共団体が真に必要とする財源不足額を国の一般会計から完全補填するという「地方財政平衡交付金制度」の考え方は、もう一度見直されてよい。基準財政需要額の内容、範囲については決して狭く解釈されてはならないが、国と地方公共団体が、第三者を交えて、地方公共団体が真に必要とする標準経費のあり方、内容、範囲、その算定の仕方等について率直に論議することは、時代に応じた行政の新しい基本理念を導入するためにも重要である。その場合に、簡素と正確さとが矛盾するようなことがあれば、あえて簡素を優先させることが、民主主義的な地方交付税制度の確立のために必要であると考える。そして、そのような過程を経て算定された地方交付税の総額を「完全補填」することは国の責務であるからである。

おわりに

1 財政関係についての地方分権推進委員会の勧告の失敗

　本書を書く大きな動機に触れておかなければならない。それは、今日の地方分権の推進を支えた地方分権推進委員会（平成7年5月に制定された地方分権推進法に基づいて設置された。委員会は両議院の同意を得て内閣総理大臣から任命された7人の委員からなり、委員長は諸井虔（秩父小野田（株）取締役相談役）。）の数次にわたる勧告の中の税財源の充実に関する部分には基本理念が欠如している点である。

　同委員会には、専門的な事項を調査審議させるため専門委員を置くことができるとされ、また、「地域づくり部会」（部会長は成田頼明横浜国立大学名誉教授）及び「くらしづくり部会」（部会長は大森弥東京大学教授）が設置された。さらに平成8年3月の中間報告後、委員会は、2つの部会に加えて「行政関係検討グループ」（座長は委員でもある西尾勝東京大学教授）、「補助金・税財源検討グループ」（座長は神野直彦東京大学教授）及び「地方行政体制等検討グループ」を設置した。

　このうち行政関係については、早くも同年12月の第1次勧告において、国と地方の役割分担の考えに基づく事務権限の抜本的な改革を勧告した。すなわち、明治以来続いてきた中央集権型行政システムを変革するため、機関委任事務制度の廃止と新しい事務の区分、国と地方の関係についての新たなルールの創設及びこれらの考え方に沿った主要な行政分野における改革のあり方についての具体的な方針を示すという大胆な改革を勧告し、その後の数次の勧告はこの基本的な考え方をさらに推し進めている点で大変評価できる。

　しかしながら、財政関係については、機関委任事務の廃止に相当するよ

うな抜本的な改革の理念が見られない。第2次勧告において国と地方の財政関係の基本的な見直しという標題はあるが、その中味を見ると、国と地方の経費負担区分の考え方については、地方公共団体が実施主体となる事務・事業の費用は地方公共団体が全額負担するという原則を堅持しながら、国庫負担金と国庫補助金の区分の明確化を図るべきという結論になっており、国と地方公共団体相互の利害に関係のある事務についてはその事務の存在を容認し、したがって係る事務について国が義務的に支出すべき給付金である国庫負担金制度についても容認することを前提にした議論を展開している。このような考え方はまさにシャウプ勧告の行政責任明確化の原則に悖るのであるが、問題視すること自体を避けている。この経費負担区分の基本的な考え方を変えずして、国庫補助負担金の整理合理化や運用・関与の改革とか、地方税や地方交付税等の地方一般財源の充実確保にいくら力を入れてみても、根本の理念を欠いた手段や方法の改革の域を出ず、中央省庁の厚い壁は容易には崩れない。財政関係についてその後数次の勧告や三位一体の改革が行われたが、その内容は以前に出された国庫補助負担金の整理合理化等の答申と異なるところはなく、基本理念の転換には至らなかった。これでは、明治維新、戦後改革に次ぐ「第三の改革」を実現しようとした意図は、財政関係の改革については実現しなかったというしかない。そのことが、その後毎年度のように各調査会や審議会等で国と地方の財政関係の基本的な見直しの必要性が報告されても、一向に前進しない理由である。まさに千歳一遇のチャンスを失った感がある。

2　指定都市の税財政制度の改革の今後

　本書を書くに当たって関連の文献にはほとんど全部目を通したが、指定都市に焦点を当てた文献はほとんどなかったといってよい。もちろんそれぞれの文献の一部には指定都市の行財政に触れているところがあるが、それは、地方自治法や地方財政法等の解説の一部としてである。

その理由は、これまで指定都市の数が限られていたためかもしれない。あるいは、指定都市が地方自治法上も大都市の特例という位置づけとされているためかもしれない。いずれにせよ、指定都市は種々の法律上では都道府県並みの権限を与えられているが、一方、税財政上の位置づけについては市町村税制プラス特別の財源措置という例外的扱いに過ぎない。

　つまり、指定都市は市町村の一角に位置づけられており、したがって、地方税の税目についても市町村税の税目と同一である。ただ、都道府県交付金や地方譲与税については、指定都市に対する特例措置があるし、地方交付税についても基準財政需要額の算定上、補正係数の特例措置がある。

　しかしながら、近年、指定都市市長会等は、指定都市の特性に合った税財政制度の構築が必要であるとして、積極的に調査研究し、具体的な提言をしている。提言内容は、国税から地方税への税源移譲として、①消費税から地方消費税へ、②所得税から個人住民税へ、③法人税から法人住民税へ、それぞれ国税から地方税へ税源配分の割合を増やすという案を提出している。

　そのほかに、都道府県税である法人事業税の一部を指定都市へ移譲すべきではないかと主張している指定都市の市長もいる。この考え方にも相当な理由があると思われる。なぜならば、シャウプ勧告では、事業税の課税標準を付加価値とした上で都道府県税とする理由として、「都道府県が企業にある種の税を課することは正当である。というのは、事業及び労働者がその地方に存在するために必要となってくる都道府県施策の経費支払いを事業とその顧客が援助することは当然だからである。例えば、工場とその労働者がある地域で発展増加してくれば、公衆衛生費は当然増大してくるのである」と述べている。したがって、このシャウプ勧告の理由からすると、指定都市は、まさに都道府県に代わって、公衆衛生はもちろんのこと道路、教育、福祉その他企業が活動するための多くの行政サービスを提供しているからである。

市町村税源の充実方策、さらには指定都市の特性に合った税源の充実方策については、様々な考え方があると思われる。指定都市市長会等の意見も尊重されなくてはならない。また、筆者としては第9章で示したシミュレーションにあるように道府県税と市町村税の税目の再編成という考え方を提唱した。

　いずれにせよ、これまでその時代その時代のニーズに合わせて小手先的に税源配分してきた結果としての現在の国税と都道府県税と市町村税の税源配分については、指定都市固有の税制を含めて、抜本的な改革を考えなければならない時期に来ているといってよい。

　これらの点について、各界各層の方々のご意見をいただければ幸いである。

〔引用・参考文献〕
　文中で引用を明示しているものを除く。
(1) 松本英昭「新版逐条地方自治法　第4次改訂版」(平成19年3月　学陽書房)
(2) 松本英昭「地方自治法の概要　第1次改訂版」(平成19年4月　学陽書房)
(3) 「地方税関係資料ハンドブック」(月刊「地方税」別冊　平成20年　地方財務協会)
(4) 「平成20年度　地方交付税のあらまし」(地方交付税制度研究会　平成20年6月　地方財務協会)
(5) 石原信雄「新地方財政調整制度論」(2000年3月　ぎょうせい)
(6) 財団法人神戸都市問題研究所・地方行財政制度資料刊行会編『戦後地方行財政資料別巻一シャウプ使節団日本税制報告書(1949年8月)、シャウプ使節団第二次日本税制報告書(1950年9月)』(勁草書房、1983年)
(7) 本書中の、歳入・歳出決算額、地方税の状況、地方税徴収率等に出てくる数値は、「平成17年版(平成15年度決算)　地方財政白書」(総務省編、平成17年3月)に拠った。
(8) 原田尚彦「地方自治の法と仕組み」(改定版　学陽書房　2005年4月) 64頁
(9) 拙稿「三位一体改革の今後の課題と方向」(石島弘教授退官記念論文集『変革期における税法の諸問題』所収　2004年・大学教育出版)
(10) 文部省編『学制百年史(記述編、資料編共)』(帝国地方行政学会1962年)
(11) 相沢英之『教育費』(大蔵財務協会、1960年)
(12) 西尾勝＝小川正人編著『〈分権型社会を創る⑩〉分権改革と教育行政―教育委員会・学校・地域』(ぎょうせい　2000年)
(13) 地方分権推進委員会事務局編「地方分権推進委員会　中間報告・第一次〜第五次勧告」(1996〜1998年)
(14) 西尾勝編著『新地方自治法講座12　地方分権と地方自治』(ぎょうせい　1998年)
(15) 大森弥＝神野直彦編著『地方分権なんでも質問室』(ぎょうせい　1999年)
(16) 地方分権推進研究会『自治が広がる―地方分権推進計画を読む―』(ぎょうせい　1998年)
(17) 石原信雄＝矢野浩一郎＝辻誠二『地方自治講座第8巻　地方財政制度』(第一法規出版　1973年)
(18) 林省吾『自治行政講座7　地方財政制度』(第一法規出版　1986年)
(19) 自治省財政局編『地方財政のしくみと運営の実体』(地方財務協会　1996年)
(20) 自治省編『地方税制の現状とその運営の実体』(地方財務協会　1997年)
(21) 自治省税務局編『地方税入門』(地方財務協会　1993年)

■著者紹介

安宅　敬祐（あたか　けいすけ）

昭和17年（1942年）	岡山市生まれ
昭和40年（1965年）	東京大学法学部卒業
昭和40年（1965年）	自治省入省
昭和52年（1977年）	ハーバード・ロー・スクール卒業
平成3年（1991年）	岡山市長に当選（平成11年（1999年）まで2期8年間）
平成11年（1999年）	岡山大学法学部・大学院法学研究科教授
平成18年（2006年）	岡山商科大学法学部・大学院法学研究科教授

著書：『グリーンライフ岡山の創造』他
論文：「三位一体改革の今後の課題と方向」他
訳書：『マスグレイブ　財政学―理論・制度・政治―Ⅰ・Ⅱ・Ⅲ』
　　　（共訳）他

指定都市の税財政制度の改革

2009年9月10日　初版第1刷発行

■著　者――安宅敬祐
■発行者――佐藤　守
■発行所――株式会社 大学教育出版
　　　　　〒700-0953　岡山市南区西市855-4
　　　　　電話(086)244-1268㈹　FAX(086)246-0294
■印刷製本――サンコー印刷㈱
■装　丁――坪田和之
■カット――蔵本浩司

©Keisuke Ataka 2009, Printed in Japan
検印省略　落丁・乱丁本はお取り替えいたします。
無断で本書の一部または全部を複写・複製することは禁じられています。

ISBN978-4-88730-930-2